DER EUROPÄISCHE RAT UND DER RAT

Das Haus der Mitgliedstaaten

INHALT

EIN ÜBERBLICK IN FÜNF MINUTEN

Hinweise für Leserinnen und Leser

In weniger als fünf Minuten können Sie sich über die Arbeitsweise des Europäischen Rates und des Rates informieren.

Schlüsselbegriffe sind durch **Fettdruck** gekennzeichnet; auf sie wird in den verlinkten Infoblättern ausführlicher eingegangen. Die Infoblätter können in beliebiger Reihenfolge gelesen werden. Das Lesen eines Infoblatts dauert nie länger als fünf Minuten.

Die Infoblätter enthalten Links zu weiteren Erklärungen und Bildern. Wählen Sie aus, was Sie sich ansehen möchten.

EINLEITUNG

Wie die nationalen Regierungen steuern und entscheiden, was in Brüssel geschieht – die Aufgaben des „Europäischen Rates" und des „Rates"

Was ist „Brüssel"?

So wird die EU – die **Europäische Union** – häufig genannt. Gemeinsam können Probleme gelöst werden, die sich allein nicht lösen lassen. So lässt sich auch eine gemeinsame Zukunft am besten gestalten. Wenn sich Probleme über Grenzen hinweg stellen, sind gemeinsam vereinbarte Lösungen sinnvoller als unterschiedliche nationale Lösungen. Diese Art der Problemlösung hilft, den Frieden in Europa zu wahren.

Die Länder Europas haben sich im 20. Jahrhundert in zwei Weltkriegen bekämpft. Nach Tod, Zerstörung, Chaos und Diktatur ebnete die Union den Weg hin zu Frieden, Stabilität, Demokratie und Wohlstand. Deshalb erhielt die Union 2012 den Friedensnobelpreis für ihr mehr als sechzigjähriges erfolgreiches Wirken im Interesse des Friedens.

Die EU erhielt im Jahr 2012 den Friedensnobelpreis für ihren Einsatz für Frieden, Aussöhnung, Demokratie und Menschenrechte in Europa und für ihre stabilisierende Rolle bei der Umwandlung Europas von einem Kontinent der Kriege in einen Kontinent des Friedens.

Die Union hat ihren Ursprung in den 1950er-Jahren, als sechs durch den Krieg verwüstete Länder sich zur Zusammenarbeit verpflichteten, um ihre gemeinsame Zukunft auf radikal neue Art und Weise zu gestalten. In den Verträgen, insbesondere dem Vertrag von Rom (1957), wurden die Ziele sowie der Umfang und die Methode der Zusammenarbeit verankert. Die Methode beinhaltete die Einrichtung neuer europäischer Gremien („Organe"). Jedes Gremium hat eine besondere Aufgabe und eine eigene Zusammensetzung. Zur Lösung von Problemen oder zur Einleitung von Projekten müssen alle diese Gremien im Rahmen ihrer unterschiedlichen Zuständigkeiten eng zusammenarbeiten.

Warum benötigt die Union verschiedene Gremien für ihre Arbeit – reicht eines nicht aus?

Unterschiedliche Gremien stehen für unterschiedliche Standpunkte.

Erstens gibt es zur Vertretung des Standpunkts der Bürgerinnen und Bürger ein **Europäisches Parlament**, das alle fünf Jahre von den Bürgerinnen und Bürgern aller Mitgliedstaaten der Union direkt gewählt wird.

Am 26. Juni 2014 trafen sich die Mitglieder des Europäischen Rates in Ypern, Belgien, um den 100. Jahrestag des Ausbruchs des Ersten Weltkriegs zu begehen.

Zweitens gibt es zwei Gremien – den **Europäischen Rat** und den **Rat** –, die die Standpunkte der Regierungen vertreten. Sie tagen und arbeiten in Brüssel in dem Gebäude, das praktisch das „Haus der Mitgliedstaaten" darstellt.

Drittens werden die nicht einzelstaatlichen „europäischen" Standpunkte durch die <u>Europäische Kommission</u> vertreten.

Im Rahmen der Diskussionen in sowie zwischen diesen vier wichtigsten Gremien werden europäische Projekte ausgestaltet. In dieser Broschüre wird beschrieben, wie die nationalen Regierungen im Europäischen Rat und im Rat sowie mithilfe dieser beiden Organe arbeiten. Bei den meisten Themen können der Europäische Rat und der Rat nicht allein handeln, sie müssen mit der Kommission und dem Europäischen Parlament zusammenarbeiten, bevor eine Einigung erzielt werden kann.

> *Warum treten die nationalen Regierungen in zwei verschiedenen Gremien zusammen, die fast den gleichen Namen tragen?*

Erstens muss die Union die großen Probleme, die eher europäische als nationale oder lokale Lösungen erfordern, bestimmen und sich auf sie verständigen. Die Festlegung des Kurses und der Prioritäten der Union ist die Aufgabe der Staats- und Regierungschefs auf Gipfeltreffen, die Europäischer Rat genannt werden.

Zweitens muss die Union zur Herbeiführung dieser europäischen Lösungen Einvernehmen über Rechtsvorschriften und Strategien erzielen. Die nationalen Regierungen beraten und verhandeln über diese Rechtsvorschriften und Strategien in einem Gremium, dem sogenannten Rat. In der Praxis reisen die Ministerinnen und Minister der Regierungen jährlich von ihrer Hauptstadt zu etwa 75 Tagungen nach Brüssel oder Luxemburg, um im Rat Beschlüsse zu fassen.

EUROPÄISCHES PARLAMENT

EUROPÄISCHER RAT/ RAT

KOMMISSION

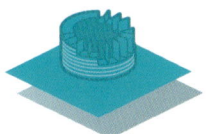

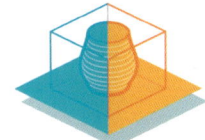

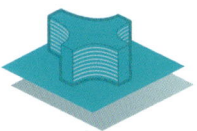

Die Arbeitsmethode der Union ist die Zusammenarbeit.

Die Tagungen des Europäischen Rates werden von seinem Präsidenten vorbereitet, der auch den Vorsitz führt; sie finden im Beisein des Präsidenten der Europäischen Kommission statt. Zu Beginn der Tagungen des Europäischen Rates hören die Teilnehmer in der Regel den Standpunkt des Präsidenten des Europäischen Parlaments zur Tagesordnung.

Demgegenüber besteht im Rat ein Großteil der Arbeit in der **Gesetzgebung** und der **Politikgestaltung** zur Verwirklichung der vom Europäischen Rat gesteckten Ziele. Nahezu alle Rechtsvorschriften der Union resultieren aus Verhandlungen zwischen den drei Gremien. Ausgangspunkt ist dabei immer der umfassende europäische Standpunkt in Form eines Vorschlags der Kommission.

Über diesen Vorschlag wird dann von den Ministerinnen und Ministern, die die gewählten nationalen Regierungen vertreten – dem Rat –, und den direkt gewählten Vertretern des Volkes – dem Europäischen Parlament – verhandelt und schließlich Einvernehmen erzielt. Bei jeder Rechtsvorschrift und jeder Strategie, die letztlich verabschiedet wird, handelt es sich um eine ausgewogene Lösung, auf die sich die drei Gremien (Kommission, Rat und Europäisches Parlament) verständigt haben, wobei jedes dieser Gremien jedes Thema aus einem anderen Blickwinkel betrachtet.

Jede verabschiedete Rechtsvorschrift oder Strategie der Union ist ein Schritt – groß oder klein – hin zur Verwirklichung der von den Mitgliedern des Europäischen Rates vereinbarten großen Ziele.

Das „Haus der Mitgliedstaaten" spielt für die Union eine zentrale Rolle. Hier wird die strategische Agenda der Union festgelegt. Keine Rechtsvorschrift der Union wird ohne dessen aktive Teilnahme an den Verhandlungen verabschiedet, die zu einer Abstimmung und einer Einigung führen.

INFOBLÄTTER

INFOBLATT 1

DER EUROPÄISCHE RAT

Die **Staats- und Regierungschefs** der EU-Mitgliedstaaten treten alle zwei bis drei Monate als **Europäischer Rat** zusammen. Diese Zusammenkünfte werden häufig auch „Gipfel" genannt. Die meisten Länder werden durch ihren Regierungschef vertreten. Manche (wie beispielsweise Frankreich) werden durch ihren Präsidenten vertreten, weil die nationale Verfassung dies vorsieht.

Zahlreiche Journalisten erwarten vor einem Gipfeltreffen die Ankunft der Staats- und Regierungschefs, die ihnen gegenüber kurze Stellungnahmen abgeben. Ankunft des französischen Staatspräsidenten Emmanuel Macron auf dem Gipfeltreffen im Oktober 2017

Der Europäische Rat hat einen Vollzeit-**Präsidenten** mit Sitz in Brüssel, der von seinen Mitgliedern für eine Amtszeit von zweieinhalb Jahren gewählt wird. Gegenwärtiger Amtsinhaber ist der ehemalige polnische Ministerpräsident Donald Tusk.

Es ist Aufgabe des Präsidenten, festzulegen, über welche großen Themen auf jeder Tagung beraten werden soll, und dann eine Einigung herbeizuführen.

Präsident Donald Tusk gibt auf einer Pressekonferenz nach dem Gipfeltreffen vom 23. Juni 2016 die Ergebnisse der Beratungen der Staats- und Regierungschefs bekannt und beantwortet die Fragen der Medienvertreter.

Der Präsident des Europäischen Rates

führt den VORSITZ bei den Arbeiten des Europäischen Rates und GIBT ihnen IMPULSE

Wie legt der Präsident die Themen für eine Tagung fest?

Die Arbeit des Europäischen Rates ist zum Teil geplant und besteht zum Teil aus unvorhersehbarem Krisenmanagement.

Was die geplante Arbeit anbelangt, so hat der Europäische Rat sich im Juni 2014 auf die großen Themen verständigt, mit denen die Europäische Union sich bis 2020 befassen sollte. In diesem kurzen Papier – der **strategischen Agenda** – werden die fünf Hauptaktionsbereiche genannt.

STRATEGISCHE AGENDA FÜR DIE UNION IN ZEITEN DES WANDELS

1. Eine Union der Arbeitsplätze, des Wachstums und der Wettbewerbsfähigkeit

2. Eine Union, die alle Bürger befähigt und schützt

3. Auf dem Weg zu einer Energieunion mit einer zukunftsorientierten Klimapolitik

4. Eine Union der Freiheit, der Sicherheit und des Rechts

5. Die Union als starker globaler Akteur

Schlussfolgerungen des Europäischen Rates, 26./27. Juni 2014

Die ungeplante Arbeit betrifft das Krisenmanagement bei unvorhergesehenen Ereignissen, die schwerwiegend sind oder Antworten erfordern, die alles andere als einfach sind, sodass nur die Staats- und Regierungschefs der Mitgliedstaaten über die Optionen beraten und hoffentlich Antworten geben können.

Während der Amtszeit von Präsident Herman Van Rompuy (Donald Tusks Vorgänger) mussten zahlreiche Krisen bewältigt werden – der Schuldenstand in einigen Ländern destabilisierte den Euro; das Bankensystem musste gestützt werden; die Schulden- und Bankenkrise führte in manchen Ländern zu hoher Arbeitslosigkeit; es kam zu Kriegen in der Nachbarschaft Europas, für die die Führungsspitzen der EU und der Mitgliedstaaten eine gemeinsame Strategie entwickeln mussten.

Während Donald Tusks erster Amtszeit stellte die Flüchtlings- und Migrationskrise ein großes Problem dar. Auch über Terroranschläge in mehreren europäischen Großstädten musste gesprochen werden. Die Bevölkerung des Vereinigten Königreichs stimmte in einem Referendum für den Austritt aus der Union. Auf all diese Ereignisse musste ruhig, maßvoll und entschlossen reagiert werden.

Wenn der Präsident die Tagesordnung für einen Gipfel erstellt, handelt es sich in der Regel um eine Kombination von geplanten Themen und unerwarteten Problemstellungen. In bestimmten Fällen kann er eine außerplanmäßige Tagung zur Behandlung eines einzigen Krisenthemas einberufen.

Wie führt der Präsident ein allgemeines Einvernehmen herbei?

Donald Tusk bereitet jede Tagung über Wochen vor und spricht dabei mit den Staats- und Regierungschefs, die er häufig in deren jeweiliger Hauptstadt trifft. Er muss die Meinung eines jeden Staats- und Regierungschefs zu allen wichtigen Themen kennen. In nahezu allen Fällen muss der Europäische Rat einstimmig beschließen.

Das Einvernehmen über jedes Thema wird in den „Schlussfolgerungen des Europäischen Rates" festgehalten. Nachdem der Präsident alle Staats- und Regierungschefs gehört hat, übermittelt er ihnen einige Wochen vor dem Gipfel eine erste Fassung der Schlussfolgerungen. Über diese beraten die **Ständigen Vertreter** der Mitgliedstaaten, die von ihren jeweiligen Staats- und Regierungschefs Anweisungen erhalten haben. Der Leiter des Kabinetts des Präsidenten nimmt ebenso wie ein Vertreter des Präsidenten der Kommission an diesen Beratungen teil. Da es sich um schwierige Themen handelt, wird bei den ersten Beratungen fast nie eine Einigung erzielt.

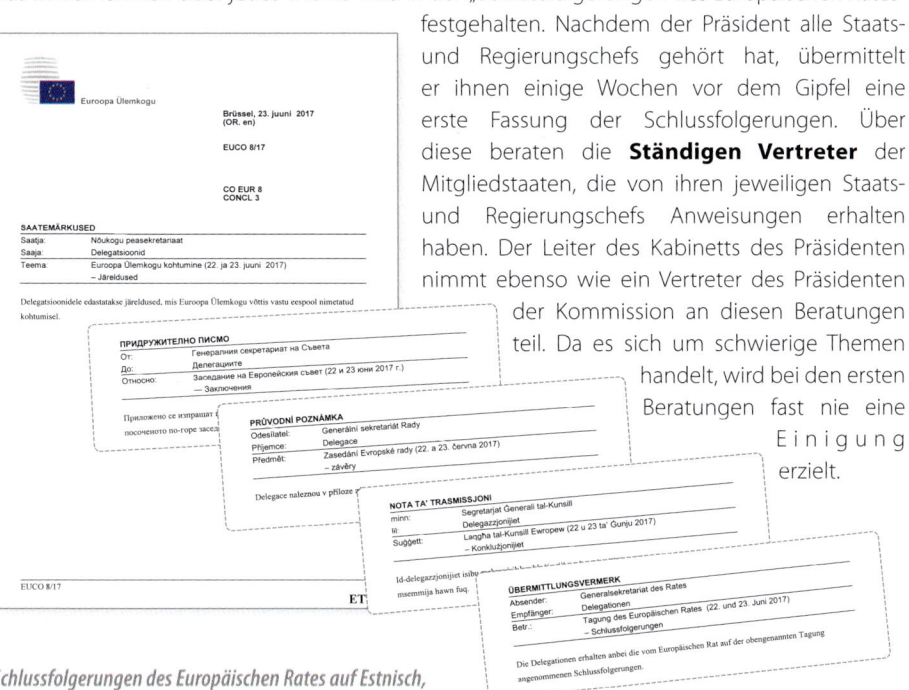

Schlussfolgerungen des Europäischen Rates auf Estnisch, Bulgarisch, Tschechisch, Maltesisch und Deutsch

Ein paar Tage vor der Tagung des Europäischen Rates überarbeitet der Präsident gegebenenfalls die Schlussfolgerungen und macht neue Vorschläge, damit mehr Staats- und Regierungschefs zustimmen können. Über diese Fassung beraten die Ministerinnen und Minister im Rat, die einige Tage vor dem Gipfel die Reaktionen ihrer Staats- und Regierungschefs vortragen. Dies bringt die Schlussfolgerungen einer einstimmigen Annahme näher. Die Klärung der wirklich schwierigen Fragen bleibt jedoch den Staats- und Regierungschefs in der persönlichen Debatte auf der Tagung des Europäischen Rates vorbehalten.

Präsident Donald Tusk und Generalsekretär Jeppe Tranholm-Mikkelsen auf dem Gipfeltreffen im März 2017, auf dem Tusk für eine zweite Amtszeit wiedergewählt wurde.

Durch eine geschickte Verhandlungsführung des Vorsitzes, durch neue Vorschläge und durch Appelle an die Staats- und Regierungschefs, sich um gemeinsame Standpunkte zu bemühen, gelingt es dem Präsidenten in der Regel, Lösungen zu finden, denen alle Staats- und Regierungschefs sowie der Präsident der Kommission zustimmen können.

Nicht auf jeder Tagung wird für jedes Problem eine definitive Lösung gefunden. Bei den schwierigsten Problemen werden manchmal nur kleine Fortschritte erzielt. Dann werden neue Anstrengungen unternommen, um auf einer weiteren Tagung des Europäischen Rates einen weiteren Schritt zu machen.

Die <u>Schlussfolgerungen des Europäischen Rates</u> werden direkt nach der Tagung im Internet in allen Amtssprachen der Union veröffentlicht.

INFOBLATT 2

DER RAT

Der Rat wird gelegentlich auch „Ministerrat" genannt. In diesem Gremium arbeiten die Ministerinnen und Minister der gewählten nationalen Regierungen der Mitgliedstaaten zusammen. Ein Vertreter der Kommission nimmt ebenfalls an den Ratstagungen teil.

Es ist Aufgabe der Ministerinnen und Minister, auf Unionsebene auf Lösungen für gemeinsame Probleme hinzuwirken, bei denen die besonderen Interessen der einzelnen Länder berücksichtigt werden. Dies erfordert häufig Flexibilität und Kompromissbereitschaft. Deshalb muss das richtige Gleichgewicht hergestellt werden – eine europäische Lösung mit maximalen Vorteilen und minimalen Nachteilen für die einzelnen Länder.

Die wichtigste Aufgabe des Rates ist die **Rechtsetzung** – gemeinsam mit der Kommission und dem Europäischen Parlament; der Rat ist eines der drei interagierenden Gremien im Rechtsetzungsprozess der Union. Der Rat erarbeitet außerdem **Strategien** zur Bewältigung von Problemen oder gibt die zukünftige Ausrichtung vor, indem die Regierungen der Mitgliedstaaten auf einen gemeinsamen Kurs gebracht werden. Der Rat verabschiedet gemeinsam mit dem Europäischen Parlament den jährlichen **Haushaltsplan** der Union, der sich auf einen siebenjährigen Finanzplan stützt, der entsprechend den Vorgaben des Europäischen Rates verabschiedet wird.

Der Rat spielt auch in den **Außenbeziehungen** eine wichtige Rolle; hier legt er die Außen- und Sicherheitspolitik der EU fest und führt sie durch. Der Rat hat das letzte Wort beim Abschluss internationaler Übereinkünfte mit Nicht-EU-Ländern oder internationalen Organisationen.

Für die Rechtsetzung ist in nahezu allen Fällen ein Vorschlag der Kommission erforderlich. Fast alle Vorschläge der Kommission müssen gemeinsam vom Rat und vom Europäischen Parlament angenommen werden. Deshalb gibt es bei jedem Vorschlag mehrere Verhandlungsstränge. Die Ministerinnen und Minister debattieren im Rat über ihre unterschiedlichen Standpunkte. Außerdem muss der Rat (als geschlossen auftretendes Gremium) mit der Kommission und mit dem Europäischen Parlament verhandeln. Wenn sich Rat und Europäisches Parlament auf den abschließenden Wortlaut eines Rechtsakts auf der Grundlage des Vorschlags der Kommission einigen, ist der Rechtsakt angenommen.

Bei der Rechtsetzung beschließt der Rat in den meisten Fällen mit **Stimmenmehrheit**. Es gibt nur wenige Fälle, in denen Beschlüsse einstimmig gefasst werden müssen. Das Abstimmungssystem beruht auf einer Mehrheit der Mitgliedstaaten und einer Mehrheit der Bevölkerung. Theoretisch kann der Rat einen Rechtsakt annehmen, sobald feststeht, dass die erforderlichen Mehrheiten erreicht werden. In der Praxis setzt der Rat häufig die Beratungen fort und verbessert die Gesetzesentwürfe, bis die größtmögliche Mehrheit (oder gar Einstimmigkeit) erreicht ist. Dies kann Wochen oder Monate dauern, manchmal auch länger.

Vor der Arbeit ist noch ein wenig Zeit für persönliche Gespräche zwischen den Ministerinnen und Ministern.
EU-Ministerinnen und -Minister auf der Tagung des Rates „Bildung, Jugend, Kultur und Sport" am 22./23. Mai 2017 in
Brüssel. Von links nach rechts: Alice Bah Kuhnke, schwedische Ministerin für Kultur und Demokratie; Françoise Nyssen,
französische Ministerin für Kultur; Owen Bonnici, maltesischer Minister für Justiz; Monika Grütters, Parlamentarische
Staatssekretärin, deutsches Bundesministerium für Bildung und Forschung

An jeder Ratstagung nimmt eine Ministerin oder ein Minister aus jedem Mitgliedstaat teil. Länder mit dem Euro als Währung gehen bei der Zusammenarbeit einen Schritt weiter. Ihre Finanzminister treffen sich in einem informellen Ministergremium, der Euro-Gruppe, um die Fragen zu erörtern, die sich aus dieser sehr engen Verbindung ergeben, wie etwa die Lage ihrer Volkswirtschaften und ihre Haushaltspläne.

Für die an den Ratstagungen teilnehmenden Ministerinnen und Minister ist dies weder die einzige Aufgabe noch ihre Hauptaufgabe. Ihre Hauptaufgabe liegt in der Arbeit in ihren Ländern in der nationalen Regierung und im nationalen Parlament. Die Teilnahme an den Ratstagungen in Brüssel oder Luxemburg beansprucht jeden Monat höchstens zwei bis drei Tage – in manchen Fällen sogar noch weniger. Deshalb entsendet jede Regierung einen ihrer höchstrangigen Diplomaten – den sogenannten Ständigen Vertreter – nach Brüssel, um sie dort dauerhaft zu vertreten. Die Ständigen Vertreter haben den Rang von Botschaftern. Sie treten einmal wöchentlich in einem Ausschuss – dem sogenannten **AStV** – zusammen. Über mehrere Wochen bereitet der AStV jede Ratstagung vor.

Der Rat erlässt Rechtsakte und legt die europäische Politik für das breite Spektrum von Bereichen fest, in denen die nationalen Regierungen gemäß den Verträgen der Union die Befugnis übertragen haben, tätig zu werden. Deshalb werden die Ratstagungen in der Praxis nach Themenbereichen organisiert, damit die entsprechenden Fachminister zusammenkommen können. Das heißt, es gibt Ratstagungen zu den Themen Finanzen, Umwelt, Energie, Justiz usw., an denen die Ministerinnen und Minister mit den entsprechenden Zuständigkeiten teilnehmen. Der Rat tritt zu zehn verschiedenen thematischen Tagungen zusammen, bekannt als die „Ratsformationen".

Die zehn Zusammensetzungen des Rates

Der Rat tritt pro Jahr 70 bis 80 Mal zusammen. Die meisten Tagungen dauern einen ganzen Tag. Manche Tagungen erstrecken sich über einen halben Tag oder auch über zwei Tage. Die Tagungen finden in Brüssel statt, abgesehen von drei Monaten, in denen die Tagungen nach einer seit Langem bestehenden Vereinbarung in Luxemburg abgehalten werden.

Der **Vorsitz** des Rates wechselt halbjährlich. Während andere Gremien der Union einen Präsidenten oder eine Präsidentin haben, führt im Rat ein Mitgliedsland den Vorsitz.

Der Rat arbeitet so **transparent** wie möglich. Die Tagesordnungen für die Ratstagungen und viele der Dokumente, über die die Minister und die Ständigen Vertreter beraten, können kostenlos von der Website des Rates heruntergeladen werden. Wenn der Rat über die Annahme eines Rechtsakts berät, wird die Tagung live im Internet übertragen.

INFOBLATT 3

WER NIMMT AN DEN GIPFELTREFFEN UND RATSTAGUNGEN IM „HAUS DER MITGLIEDSTAATEN" TEIL?

Jedes Jahr finden mindestens vier, bei Bedarf auch mehr Gipfeltreffen (**Tagungen des Europäischen Rates**) statt. Überdies gibt es pro Jahr mehr als 70 Ratstagungen, an denen Ministerinnen und Minister der Mitgliedstaaten teilnehmen.

Die Gipfelrunde besteht aus einer kleinen Gruppe von Männern und Frauen. Es handelt sich um die Präsidenten oder Ministerpräsidenten der Mitgliedstaaten sowie den Präsidenten des Europäischen Rates (derzeit Donald Tusk) und den Präsidenten der Europäischen Kommission (derzeit Jean-Claude Juncker). Nur sehr selten fehlt eine dieser Personen bei einem Gipfeltreffen. Kommt es doch einmal vor, so bleibt der betreffende Sitz leer, d. h., die betreffende Person wird nicht durch einen Stellvertreter, Minister oder Ständigen Vertreter ersetzt.

Außer den Hauptteilnehmern ist noch ein kleiner Kreis von Personen teilweise oder auf dem gesamten Gipfeltreffen anwesend. In der Regel ergreift der Präsident des Europäischen Rates zu Beginn der Tagung das Wort. Auch die Leiterin der EU-Außenpolitik (derzeit Federica Mogherini) oder der Präsident der Europäischen Zentralbank (derzeit Mario Draghi) sind zugegen und nehmen an den Beratungen teil, wenn Themen erörtert werden, die sie betreffen.

Der **Generalsekretär** (derzeit Jeppe Tranholm-Mikkelsen) – mit zwei bis drei Mitarbeiterinnen oder Mitarbeitern – und der Kabinettschef des Präsidenten sind während der gesamten Tagung anwesend. Zum Mitarbeiterstab des Generalsekretärs zählt auch eine Rechtsberaterin oder ein Rechtsberater. Der Kommissionspräsident wird in der Regel vom Generalsekretär der Kommission begleitet. Damit sich die Gipfelteilnehmer in ihren 23 verschiedenen Sprachen äußern können, gibt es ein Dolmetscherteam für jede Sprache.

Gipfeltreffen sind Veranstaltungen, auf denen alle zwei bis drei Monate wichtige Fragen und neue europäische Projekte freimütig diskutiert werden. Können die Fragen in dieser Runde nicht geklärt werden, so kann kein anderes oder höheres Gremium damit befasst werden. Der Europäische Rat hört sich die politischen Botschaften des Präsidenten des Europäischen Parlaments an und stützt sich auf die Analysen und Empfehlungen des Präsidenten der Europäischen Kommission, ist aber unabhängig, wenn es darum geht, Lösungen für die anstehenden Probleme zu finden. Während der Gipfeltreffen und in der Zeit dazwischen liegt die Leitung in Händen seines Präsidenten, der bei der Suche nach Kompromissen eine entscheidende Rolle spielt. Nur wenige Fragen werden auf einer einzigen Tagung entschieden. In der Regel erörtert der Europäische Rat eine Frage mehrmals und findet Schritt für Schritt zu einer Lösung.

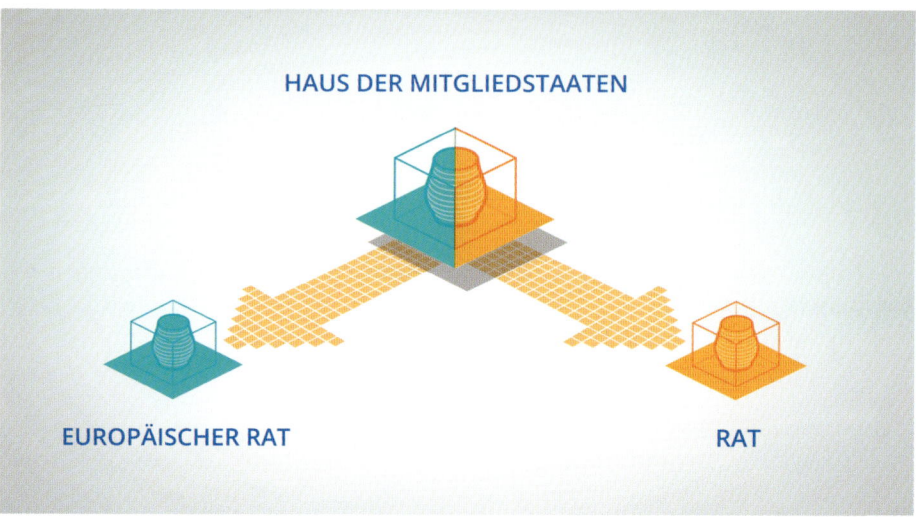

Europäischer Rat und Rat – zwei EU-Organe unter einem Dach

Ganz anders verhält es sich mit den Tagungen des Rates. Der Rat tritt 70 bis 80 Mal im Jahr zusammen. Somit finden in manchen Wochen zwei bis drei Ratstagungen statt. Offiziell gibt es zehn spezialisierte Ratsformationen, die sich mit verschiedenen Bereichen, von Finanzen bis hin zu Umwelt, befassen. Jeder Ratsformation gehören die für den jeweiligen Bereich – beispielsweise Finanzen oder Umwelt – zuständigen Ministerinnen und Minister der Mitgliedstaaten an.

Hinter den zehn offiziellen Ratsformationen verbergen sich erheblich mehr – wahrscheinlich doppelt so viele – spezifische Fachgebiete, für die jeweils bestimmte Fachministerinnen und -minister der Mitgliedstaaten zuständig sind. So werden etwa die Tagungen des Rates „Verkehr, Telekommunikation und Energie" in der Praxis in drei Teile unterteilt, an denen jeweils die zuständigen Ministerinnen und Minister teilnehmen.

Nicht alle Ratsformationen treten gleich oft zusammen. Der Rat „Finanzen" tagt fast jeden Monat, der Rat „Bildung" in der Regel nur alle sechs Monate. Die Finanzminister kennen einander daher sehr viel besser als die Bildungsminister.

Mitunter kommt es vor, dass Ministerinnen oder Minister nicht zu einer Ratstagung nach Brüssel anreisen können. In diesem Fall kann ein Stellvertreter oder der Ständige Vertreter an ihrer Stelle teilnehmen – der Sitz des betreffenden Mitgliedstaats bleibt also niemals leer.

Präsident des Rates ist der für das zur Beratung anstehende Sachgebiet zuständige Fachminister des Mitgliedstaats, der gerade den halbjährlichen **Vorsitz** innehat. In einem Halbjahr führen 12 bis 18 verschiedene Ministerinnen und Minister bei 30 bis 40 Ratstagungen den Vorsitz. Manche leiten etwa sechs Tagungen (z. B. des Rates „Finanzen"), andere hingegen nur eine Tagung (z. B. des Rates „Bildung").

Die Ministerinnen und Minister werden bei Ratstagungen jeweils von drei bis vier Mitarbeiterinnen oder Mitarbeitern unterstützt. Hierzu zählen in erster Linie die Ständigen Vertreter und Vertreterinnen (oder deren Stellvertreter und Stellvertreterinnen), die ihrerseits von zwei bis drei Mitarbeitern oder Mitarbeiterinnen aus den Ständigen Vertretungen oder den nationalen Ministerien begleitet werden. Sie sind mit ihren Ministern und Ministerinnen im Sitzungssaal anwesend.

Die Europäische Kommission wird durch ihr für das jeweilige Fachgebiet – Euro, Umwelt, Verkehr, Sozialpolitik usw. – zuständige Mitglied vertreten.

Der Ratspräsident bzw. die Ratspräsidentin wird von Beratern und Beraterinnen der Ständigen Vertretung und des Ratssekretariats begleitet und unterstützt, die bei der Vorbereitung der Tagung und bei der Suche nach Lösungen helfen.

Auch bei den Ratstagungen sind 23 Dolmetscherteams anwesend, sodass sich die Minister und Ministerinnen in ihrer eigenen Sprache äußern können.

Europäischer Rat und Rat – unterschiedliche Aufgaben

Gipfeltreffen und Ratstagungen gemeinsam ist der Umstand, dass die Teilnehmer aus den Hauptstädten im „Haus der Mitgliedstaaten" zusammenkommen, um gemeinsam nach Lösungen für europaweite Probleme zu suchen. Der Europäische Rat setzt die Schwerpunkte und bestimmt die Strategie für die Zukunft. Alles Weitere übernehmen die Minister und Ministerinnen bei den Ratstagungen; sie legen in Zusammenarbeit mit der Kommission und dem Europäischen Parlament die EU-Rechtsvorschriften fest.

INFOBLATT 4

DER PRÄSIDENT UND DER VORSITZ

Es gibt keinen „Präsidenten der Europäischen Union". Unionsrecht und Unionspolitik werden von verschiedenen Gremien gemeinsam festgelegt. Jedes der verschiedenen Unionsgremien hat einen Präsidenten. Die Präsidenten leiten die Gremien und arbeiten zusammen.

Der **Europäische Rat** (die Führungsspitzen der Union) und der **Rat** (die Ministerinnen und Minister) haben jeweils einen Präsidenten.

Präsident des Europäischen Rates ist derzeit Donald Tusk. Er war früher Ministerpräsident Polens. Er ist hauptamtlicher Präsident und hat sein Büro in Brüssel. Er wurde erstmals 2014 vom Europäischen Rat für eine Amtszeit von zweieinhalb Jahren gewählt und 2017 wiedergewählt. Nach dem Vertrag kann die Amtszeit des Präsidenten nur einmal verlängert werden.

Der Sitzplatz des Präsidenten des Europäischen Rates

Donald Tusk ist erst der zweite hauptamtliche Präsident des Europäischen Rates. Sein Vorgänger, der ehemalige belgische Ministerpräsident Herman Van Rompuy, war fünf Jahre lang – von 2009 bis 2014 – Präsident. Davor nahm jeweils der Staats- oder Regierungschef des Mitgliedstaats, dessen Regierung gerade den Ratsvorsitz (siehe unten) innehatte, diese schwere Aufgabe neben seiner nationalen Funktion wahr.

Bei seiner Arbeit wird Donald Tusk vom ständigen **Sekretariat des Rates** unterstützt. Er verfügt zudem in seinem Kabinett über einen befristet eingestellten kleinen Mitarbeiterstab. Jeder Präsident hat einen solchen Mitarbeiterstab. Es handelt sich um seine engsten Beraterinnen und Berater; sie organisieren seinen Terminkalender und seine Reisen, sie schreiben seine Reden und sie vertreten ihn bei Gesprächen mit den persönlichen Vertretern der Staats- und Regierungschefs.

Die Hauptaufgabe des Präsidenten besteht darin, zu entscheiden, worüber bei den Gipfeltreffen gesprochen werden soll, und für eine gute Vorbereitung zu sorgen. Jede Tagung wird wochenlang vorbereitet, damit sie zu einem guten Ergebnis führt. Ein gutes Ergebnis bedeutet, dass sich die Staats- und Regierungschefs bei einem der großen Probleme, die nur auf ihrer Ebene gelöst werden können, auf einen Schritt nach vorne einigen. Seit einigen Jahren stehen die Themen Terrorismus, Migration, Wirtschafts- und Eurokrise sowie der Brexit für die Union im Vordergrund.

Selten gelingt es, auf einer einzigen Tagung ein großes Problem zu lösen oder ein neues Projekt auf den Weg zu bringen. Um zu einem gemeinsamen Verständnis einer Frage zu gelangen und die richtige Lösung zu finden, müssen sich die Staats- und Regierungschefs in der Regel auf mehreren Tagungen immer wieder damit befassen. Der Präsident organisiert nicht nur Tagungen, auf denen über akute Probleme beraten wird, er muss auch den Weg für eine Einigung über den Kurs der Union in den nächsten fünf oder zehn Jahren oder auf noch längere Sicht ebnen. Überdies vertritt er die Union bei Zusammenkünften mit den Staats- und Regierungschefs von Drittstaaten überall auf der Welt.

Der Vorsitz im Rat wird von den Mitgliedstaaten im Turnus wahrgenommen und wechselt alle sechs Monate.

Auch der Rat hat einen Präsidenten. Es handelt sich nicht um einen Mann oder eine Frau, sondern um die Regierung eines Mitgliedstaats. Deshalb wird er meist **Vorsitz des Rates** genannt. Die Amtszeit des Vorsitzes beträgt sechs Monate. Hier gibt es keine Wahl – jeder Mitgliedstaat hat den Vorsitz der Reihe nach inne. Dies bedeutet, dass jeder Mitgliedstaat – ob groß, ob klein – ungefähr alle 14 Jahre den Ratsvorsitz übernimmt.

Im Rat versammeln sich die für ein bestimmtes Fachgebiet – Energie, Justiz, Umwelt, Finanzen usw. – zuständigen Ministerinnen und Minister der Mitgliedstaaten. Insgesamt gibt es zehn Gruppen, in denen die Fachgebiete zusammengefasst sind. Wenn der Rat zu Beratungen über eines dieser Fachgebiete zusammentritt, so ist sein Präsident der für diesen Bereich zuständige Minister des Mitgliedstaats, der gerade den Vorsitz innehat. So wurden die Tagungen des Rates „Umwelt" von Januar bis Juni 2017 vom maltesischen Umweltminister geleitet. Danach, von Juli bis Dezember 2017, hatte der estnische Umweltminister den Vorsitz inne.

Carmelo Abela, maltesischer Minister des Innern und der nationalen Sicherheit, leitete die Tagung des Rates „Justiz und Inneres" vom 28. März 2017 in Brüssel, auf der unter anderem die Themen Rückkehrpolitik der EU, Umsetzung einer Migrationspolitik und Strafjustiz im Cyberspace erörtert wurden.

JULI-DEZEMBER 2017	**ESTLAND**
JANUAR-JUNI 2018	**BULGARIEN**
JULI-DEZEMBER 2018	**ÖSTERREICH**
JANUAR-JUNI 2019	**RUMÄNIEN**
JULI-DEZEMBER 2019	**FINNLAND**
JANUAR-JUNI 2020	**KROATIEN**
JULI-DEZEMBER 2020	**DEUTSCHLAND**

Die Ministerinnen und Minister, die den Vorsitz im Rat führen, wohnen nicht in Brüssel, und dies ist auch nicht ihre Haupttätigkeit. Sie leben in ihrem Heimatland, wo sie in der Regel Mitglieder des nationalen Parlaments und der nationalen Regierung sind. Während des sechsmonatigen Vorsitzes treten einige Räte (etwa „Finanzen" oder „Landwirtschaft") gegebenenfalls sechs Mal zusammen, andere (etwa „Energie" oder „Umwelt") hingegen nur zwei Mal. Die Vor- und Nachbereitung zwischen den Ratstagungen erfolgt im Ausschuss der Ständigen Vertreter. Der „Vorsitz des Rates" ist ein Mitgliedstaat. „Präsidentin des Rates" oder „Präsident des Rates" ist die Frau oder der Mann aus diesem Mitgliedstaat, die bzw. der die Tagung über eines der verschiedenen Fachgebiete leitet.

Es gibt zwei Ausnahmen. Es gibt einen ständigen Präsidenten des Rates „Auswärtige Angelegenheiten", der für die **Außenbeziehungen** der Union zuständig ist. Derzeit ist dies die ehemalige italienische Außenministerin Federica Mogherini. Sie hat ihren Sitz in Brüssel. Eigentlich hat sie drei Funktionen: Sie leitet die monatlichen Tagungen des Rates „Auswärtige Angelegenheiten"; sie ist die für die Außenbeziehungen zuständige Vize-Präsidentin der Kommission; sie ist die Hohe Vertreterin der EU für Außen- und Sicherheitspolitik. Oft wird sie als die „Leiterin der EU-Außenpolitik" bezeichnet. Ihre Amtszeit beträgt in allen drei Funktionen fünf Jahre, in Anlehnung an die Amtszeit der Europäischen Kommission.

Tagung der EU-Außenministerinnen und -minister am 15. Mai 2017 in Brüssel. Auf dieser Tagung wurde eine Bilanz der Umsetzung der Globalen Strategie der EU im Bereich Sicherheit und Verteidigung gezogen, wobei der Schwerpunkt auf den zivilen Aspekten lag. Des Weiteren erörterte der Rat die Lage am Horn von Afrika, einer Region, die von Destabilisierung bedroht ist, insbesondere in Somalia und im Südsudan.

Die informellen Sitzungen der Euro-Gruppe, der die Finanzministerinnen und -minister der 19 Euro-Länder angehören, werden ebenfalls von einem festen Präsidenten geleitet. Derzeit ist dies Mário Centeno, der Finanzminister Portugals. Er wurde von den Mitgliedern der Euro-Gruppe für zweieinhalb Jahre gewählt.

Der Ratsvorsitz wird vom Ratssekretariat unterstützt. Das Sekretariat hilft jedem Mitgliedstaat bei der Vorbereitung und Planung seines Vorsitzes. Wenn die Ministerinnen und Minister nach Brüssel kommen, um eine Tagung zu leiten, berät es sie in politischer und juristischer Hinsicht und leistet logistische Unterstützung. Hauptaufgabe des Ratsvorsitzes ist es, die Tagungen einzuberufen, die Tagesordnung aufzustellen, die Beratungen zu strukturieren, die Ministerinnen und Minister anzuhören und Kompromisslösungen auszuarbeiten. Das Ratssekretariat hilft dabei mit Beratung, Informationen, Berichten, Logistik, Dolmetscherdiensten und Übersetzungen.

Am 4. Dezember 2017 haben die Finanzminister der Mitgliedstaaten des Euro-Währungsgebiets den Finanzminister Portugals, Mário Centeno, zum Präsidenten der Euro-Gruppe ab dem 13. Januar 2018 gewählt.

Der Präsident des Europäischen Rates (Donald Tusk) und der Ratsvorsitz (die Mitgliedstaaten im Wechsel) arbeiten sehr eng zusammen. Sie werden vom selben Generalsekretär beraten und vom selben **Ratssekretariat** logistisch unterstützt. Der Europäische Rat lenkt die Arbeit aller EU-Organe, auch die des Rates. Deshalb arbeiten Präsident und Vorsitz eng mit den Präsidenten der anderen Organe – der Kommission und des Europäischen Parlaments – zusammen.

INFOBLATT **5**

DIE STÄNDIGEN VERTRETER UND DER ASTV

Die Regierung jedes Mitgliedstaats entsendet eine Person aus dem Kreis ihrer höchstrangigen und erfahrensten Diplomatinnen und Diplomaten nach Brüssel, die sie dort ständig vertreten.

Diese Personen sind „ständig", weil sie tagtäglich 24 Stunden in Brüssel leben und auch dort arbeiten – im Gegensatz zu ihren Staats- und Regierungschefs sowie Ministerinnen und Ministern, die nur zu bestimmten Tagungen nach Brüssel kommen.

Sie heißen „Vertreter" bzw. „Vertreterin", weil sie in vollem Umfang ermächtigt sind, im Namen ihrer Regierungen zu verhandeln und Lösungen zu akzeptieren oder abzulehnen.

Sie treten in einem Ausschuss zusammen, dem sogenannten Ausschuss der Ständigen Vertreter (AStV) (auf Französisch: *Comité des représentants permanents*, Coreper).

Die erste Tagung des AStV (2. Teil) im neuen Europa-Gebäude fand am 20. Dezember 2016 statt.

Bevor eine Frage dem **Rat** vorgelegt wird, muss sie zunächst im AStV erörtert und vorbereitet werden. Der AStV ist für die Arbeit des Rates von entscheidender Bedeutung. Seine Mitglieder sind „ständig" anwesend und handeln als „Vertreter".

Tagungen des AStV finden regelmäßig – mindestens einmal pro Woche – statt. Im Falle einer Krise können seine Mitglieder innerhalb von Stunden zusammentreten. Weil sie „Vertreter" sind und in direktem Kontakt zu ihren Staats- und Regierungschefs stehen, können sie im Allgemeinen genau sagen, welchen Standpunkt ihre Regierungen vertreten, auch bei einer aufziehenden Krise. Jährlich finden rund 110 AStV-Tagungen statt.

Dabei arbeitet der AStV meist nicht im Krisenmodus. In der Regel bereitet er die 70 bis 75 Tagungen des Rates pro Jahr vor. Auch vor jedem Gipfeltreffen findet eine Ratstagung statt.

Es gibt eine enorme Menge und Vielfalt von Sachfragen, für die der Rat Rechtsvorschriften erlässt oder eine europäische Politik festlegt. Um diese Aufgaben zu bewältigen, ist der AStV zweigeteilt. Der AStV (2. Teil), in dem die Ständigen Vertreter einmal pro Woche zusammentreten, bereitet die Gipfeltreffen sowie die Ratstagungen vor, die den Themen Wirtschaft und Finanzen, Justiz und Inneres, Auswärtige Angelegenheiten und Allgemeine Angelegenheiten gewidmet sind.

Der AStV (1. Teil), in dem die Stellvertreter der Ständigen Vertreter zweimal pro Woche zusammentreten, bereitet die Ratstagungen zu allen anderen Themen vor. Die Liste ist lang: Landwirtschaft, Fischerei, Umwelt, Klimaschutz, Verkehr, Telekommunikation, Energie, Beschäftigung, soziale Angelegenheiten, Binnenmarkt, Industrie, Forschung, Weltraum, Bildung, Jugend, Kultur und Sport.

Der AStV (1. Teil) (Stellvertreterinnen und Stellvertreter der Ständigen Vertreter) bereitet folgende Ratstagungen vor:	Der AStV (2. Teil) (Ständige Vertreter) bereitet folgende Ratstagungen vor:
Landwirtschaft und Fischerei	Wirtschaft und Finanzen
Wettbewerbsfähigkeit (Industrie, Forschung)	Auswärtige Angelegenheiten
Bildung, Jugend, Kultur und Sport	Allgemeine Angelegenheiten
Beschäftigung, Sozialpolitik, Gesundheit und Verbraucherschutz	Justiz und Inneres
Umwelt	
Verkehr, Telekommunikation und Energie	

Was bedeutet „eine Ratstagung vorbereiten"?

Auf jeder Tagesordnung des Rates stehen Punkte, über die beraten oder entschieden werden soll. Der AStV prüft diese Punkte mehrere Wochen vor der Ratstagung. Wenn er sie zum ersten Mal erörtert, besteht selten Einvernehmen. Die Interessen der Mitgliedstaaten liegen in der Tat oft sehr weit auseinander. Die Ständigen Vertreter (oder ihre Stellvertreter) arbeiten auf Anweisung ihrer Ministerien und suchen nach einem Kompromiss, auf den sie sich verständigen können.

Meistens reicht es theoretisch aus, einen Kompromiss zu finden, dem die Mehrheit zustimmen wird. In der Praxis wird der AStV (und anschließend der Rat) jedoch versuchen, eine bessere Lösung, die von einer möglichst breiten Mehrheit mitgetragen wird, oder sogar einen Konsens für eine Entscheidung zu erreichen. Am Ende wird die bestmögliche Lösung im Wege der **Abstimmung** angenommen.

Findet der AStV eine Lösung, mit denen alle Ministerinnen und Minister einverstanden sind, so wird der Punkt dem Rat zur Billigung ohne Aussprache vorgelegt. Im Ratsjargon heißen diese Punkte „A-Punkte" der Tagesordnung des Rates. Auch wenn es eine Mehrheit für eine Lösung gibt, kann eine Ministerin oder ein Minister immer noch eine Aussprache im Rat beantragen, um ihre bzw. seine Bedenken vortragen und eine Klärung herbeiführen zu können. Kommt keine Mehrheit zustande, wird der Punkt stets im Rat erörtert, um eine Lösung zu finden. Im Ratsjargon heißen Punkte mit Aussprache „B-Punkte".

Der Rat kann selten etwas allein beschließen, vor allem nicht bei der **Rechtsetzung**. Hier müssen auch die Kommission und das Europäische Parlament mit dem Rat einverstanden sein. Deshalb ist bei AStV-Tagungen stets ein hochrangiger Kommissionsvertreter zugegen, der bei den Beratungen eine wichtige Rolle spielt. In erster Linie erläutert und verteidigt er den Kommissionsvorschlag und willigt gegebenenfalls in einige Änderungen ein, damit alle zu einer Einigung gelangen können.

Um die Zustimmung des Europäischen Parlaments zu erlangen, beauftragt der AStV seinen Präsidenten, sich mit Parlamentsvertretern zu treffen, um den Standpunkt des Rates zu erläutern und die Wünsche des Parlaments in Erfahrung zu bringen. Der Präsident des AStV spielt eine sehr wichtige Rolle als Vermittler zwischen Rat und Europäischem Parlament.

Er wechselt – wie der **Ratsvorsitz** – alle sechs Monate. Es handelt sich stets um den Ständigen Vertreter (oder dessen Stellvertreter) des Mitgliedstaats, dessen Regierung gerade den Ratsvorsitz innehat. Weil jede Ratstagung von der Ministerin oder dem Minister geleitet wird, die bzw. der für das betreffende Fachgebiet (Finanzen, Umwelt usw.) zuständig ist, wird der Ratsvorsitz in einem Halbjahr von mindestens zehn verschiedenen Frauen oder Männern wahrgenommen. Dagegen wird der AStV-Vorsitz in dem Halbjahr nur von zwei Frauen oder Männern – dem Ständigen Vertreter oder der Ständigen Vertreterin und dessen bzw. deren Stellvertreter oder Stellvertreterin – wahrgenommen.

Jeder Ständige Vertreter wird von einem Büro in Brüssel unterstützt, das mit Fachleuten aus seinem Mitgliedstaat besetzt ist – die Ständige Vertretung. Dabei handelt es sich um Spezialistinnen und Spezialisten aller Fachgebiete, in denen der Rat Beschlüsse fasst – vom Luftverkehr bis hin zu Zoonosen (Tierseuchen). Bevor der AStV Gesetzgebungsvorschläge oder europäische Strategien erörtert, werden sie zunächst in den **Experten-Arbeitsgruppen** geprüft. Es gibt im Prinzip rund 180 solcher Arbeitsgruppen, die sich aus Vertretern aller Mitgliedstaaten zusammensetzen. Sie treten regelmäßig zusammen, um Gesetzentwürfe und Strategievorschläge zu erörtern, und erstatten dem AStV über ihre Arbeit Bericht.

Die Arbeit an einem Gesetzentwurf in einer Arbeitsgruppe kann mehrere Sitzungen in Anspruch nehmen und Wochen oder sogar Monate dauern. Wie der AStV arbeiten die Fachleute auf Anweisung ihrer Ministerien. Wenn sie zu einer Einigung gelangen, wird diese vom AStV ohne Aussprache angenommen. Im Ratsjargon heißen die Punkte, über die eine Einigung erzielt wurde, „I-Punkte". Wie der AStV werden die Arbeitsgruppen von einer Person aus dem Mitgliedstaat geleitet, dessen Regierung gerade den Ratsvorsitz innehat.

Über die „I-Punkte" auf der Tagesordnung des AStV erfolgt in der Regel eine Einigung ohne Aussprache, während die „II-Punkte" Dossiers betreffen, über die die Botschafterinnen und Botschafter Verhandlungen führen.

INFOBLATT **6**

DIE EXPERTEN-ARBEITSGRUPPEN DES RATES

Der Rat arbeitet auf drei verschiedenen Ebenen. Auf der obersten Ebene stehen die Ministerinnen und Minister, die zusammentreten, beraten, politische Entscheidungen treffen und Rechtsvorschriften erlassen. Jede Ministertagung wird direkt vom **AStV** – dem Ausschuss der Ständigen Vertreter der Mitgliedstaaten in Brüssel – vorbereitet. Bevor der AStV eine Aussprache oder einen Beschluss des Rates vorbereitet, wird der betreffende Punkt in einer der zahlreichen Arbeitsgruppen behandelt und erörtert.

Der AStV setzt Arbeitsgruppen für alle spezifischen Dossiers ein, die auf Fachebene im Detail geprüft werden müssen, bevor der Rat einen Beschluss fassen kann. Es gibt rund 180 Arbeitsgruppen, die ein breites Spektrum von Themen – wie Steuern, internationalen Handel, Luftverkehr, Asyl, Verbraucherschutz usw. – abdecken. Sie halten jährlich etwa 3 600 Sitzungen ab.

Auf diesem Bildschirm werden Ort und Zeit der Tagungen angezeigt.

Jeder Mitgliedstaat entsendet eine Expertin oder einen Experten zu jeder Arbeitsgruppensitzung. Auch die Kommission schickt eine Vertreterin oder einen Vertreter. In der Regel ist es nämlich die Kommission, die den Anstoß für Beratungen oder Gesetzgebungsvorschläge gibt, und deshalb muss sie ihre Vorschläge erläutern und präzisieren.

Jede Arbeitsgruppe hat einen Vorsitzenden. In fast allen Fällen handelt es sich um die Expertin oder den Experten des Mitgliedstaats, der den halbjährlichen **Ratsvorsitz** innehat. Der Vorsitzende legt das Arbeitsprogramm und die Tagesordnung fest, organisiert die Beratungen und verfasst die Schlussfolgerungen. Die Sitzungen finden in den Ratsgebäuden in Brüssel – im „Haus der Mitgliedstaaten" – statt.

Die teilnehmenden Fachleute sind Beamte der Regierungen der Mitgliedstaaten. Sie arbeiten in der Regel für die Ministerien ihrer Regierung und auf Anweisung der betreffenden Ministerin oder des betreffenden Ministers. Zuweilen arbeiten sie auch für spezielle Agenturen, die nicht in einem Ministerium angesiedelt sind, aber dennoch der Regierung unterstehen, wie beispielsweise die nationalen Behörden für Lebensmittelsicherheit. Sie verfügen nicht nur über allgemeine Sachkenntnisse (wie Juristen, Volkswirte und Wissenschaftler), sondern in der Regel auch über ein spezielles Fachwissen auf dem Gebiet, über das die Arbeitsgruppe berät. Dabei kann es sich um Fragen betreffend Mehrwertsteuer, Tierschutz, Klimaschutz oder Cyberkriminalität usw. handeln.

Die Arbeitsgruppen tagen nur, wenn sie vom Vorsitz zur Prüfung eines Vorschlags einberufen werden, bevor der Rat darüber entscheidet. Der AStV muss wissen, wie weit die Beratungen der Fachleute gediehen sind, bevor er mit den Vorbereitungen für eine Ratstagung beginnen kann.

Jede Arbeitsgruppe befasst sich in der Regel nur mit einem einzigen Thema oder einem Bündel ähnlicher, miteinander zusammenhängender Themen. Die Sitzungen dauern einen Tag, zuweilen zwei Tage. Es werden so lange Sitzungen einberufen, bis der Kommissionsvorschlag vollständig geprüft worden ist und feststeht, in welchen Punkten Einvernehmen besteht und in welchen nicht.

Bei umfangreichen Dossiers können die Sitzungen wöchentlich stattfinden. Bei anderen kann es monatliche Sitzungen geben – insbesondere, wenn die Fachleute Nachforschungen anstellen oder Erkundigungen einholen müssen. In einigen Fällen nehmen die Beratungen nur zwei bis drei Sitzungen in Anspruch, in anderen wiederum dauern sie sechs bis acht Wochen. Bei komplizierten Sachverhalten sind unter Umständen sehr viel mehr Sitzungen nötig, um die Prüfung unter Berücksichtigung aller Gesichtspunkte abzuschließen. In diesem Fall zieht der Vorsitz in der Regel am Ende seiner sechsmonatigen Amtszeit eine Bilanz der Beratungen, selbst wenn die Arbeiten noch nicht abgeschlossen sind. Der AStV – manchmal auch der Rat – möchte wissen, welche Fortschritte erzielt worden sind.

Diese Bilanz, der Bericht der Arbeitsgruppe an den AStV, wird vom **Ratssekretariat** verfasst. In jeder Sitzung wird der Vorsitzende von mindestens zwei Mitarbeitern des Ratssekretariats beraten und unterstützt. Eine dieser beiden Personen arbeitet im Juristischen Dienst des Rates. Die andere stammt aus der Abteilung des Rates, die die „Familie" der Arbeitsgruppen – z. B. Umwelt, Justiz, Verkehr oder Wirtschaft und Finanzen usw. – unterstützt.

Beide Personen aus dem Ratssekretariat sitzen nicht nur in den Sitzungen neben dem Vorsitzenden, sie treffen sich auch mit ihm zu einer vorbereitenden Sitzung, um den Ablauf der Beratungen zu besprechen. Sie unterstützen den Vorsitzenden während der Sitzung, indem sie ihn beraten, Empfehlungen für Kompromisse abgeben und die Stellungnahmen der einzelnen Mitgliedstaaten aufzeichnen.

Wenn der Bericht der Arbeitsgruppe an den AStV verfasst werden muss, analysiert das Sekretariat zunächst gemeinsam mit dem Vorsitzenden die Beratungsergebnisse und verständigt sich mit ihm darüber, wie dieser Bericht im Großen und Ganzen aussehen soll. Es ist sehr wichtig, dass in dem Bericht die Meinungen sämtlicher Fachleute aus den Mitgliedstaaten ausgewogen wiedergegeben werden, damit sich der AStV bei der Lösungssuche daran orientieren kann.

Häufig gelangen die Fachleute bei ihren Beratungen auf Grundlage der Anweisungen aus ihren Ministerien direkt zu einer Einigung. In diesem Fall wird der Bericht dem AStV vorgelegt, damit er ihn ohne weitere Aussprache billigt. Gemäß dem Ratsjargon handelt es sich dabei um einen „I-Punkt" (mit einer römischen I) der Tagesordnung des AStV.

Sobald der AStV einen Beschluss auf diese Weise als „I-Punkt" förmlich gebilligt hat, kann er ihn dem Rat zur Annahme ohne weitere Aussprache übermitteln. Gemäß dem Ratsjargon handelt es sich dabei um einen „A-Punkt" der Tagesordnung des Rates. In der Regel wird ein erläuternder Vermerk des Sekretariats beigefügt, in dem kurz dargelegt wird, wie die Einigung zustande gekommen ist.

Non-legislative a~

5. Approval of the list of "A" items
7493/17 PTS A 23

6. **Migration policy: Implementation**[1]

a) **External aspects**
i) Malta Declaration, 3 February 2017
ii) Results of the Valletta Joint Action Plan Senior Officials me~
8 -9 February 2017
7110/17 JAI 208 ASIM 24 RELEX 216 FRONT 109 COMI~

b) **Deployment to the Agencies and Relocation**
= Exchange of views

~eturn Policy: enhancing effectiveness[1]

~mission Recommendation on making retu~
~008/115/EC of the E~

„A-Punkte" werden vom Rat üblicherweise ohne Aussprache angenommen.

„A-Punkte" müssen in der Regel einstimmig angenommen werden. Häufig erklären sich Mitgliedstaaten jedoch damit einverstanden, dass ein Punkt ohne Aussprache angenommen wird, auch wenn sie eine Minderheit bilden, die dagegen stimmt. In solchen Fällen geben sie oft eine Erklärung ab, in der sie erläutern, warum sie dagegen stimmen. In jedem Fall kann eine Ministerin oder ein Minister noch bis zur letzten Minute vor der Annahme beantragen, dass ein „A-Punkt" erörtert wird.

Daher spielen die Arbeitsgruppen eine entscheidende Rolle. Sie sorgen dafür, dass die Rechtsvorschriften und politischen Entscheidungen des Rates auf einer soliden Prüfung der technischen Einzelheiten durch die Fachleute aus den Ministerien beruhen.

INFOBLATT 7

DAS RATSSEKRETARIAT

Alle Verhandlungsführer und Entscheidungsträger im Europäischen Rat und im Rat stammen aus den Mitgliedstaaten. Präsidenten, Regierungschefs, Minister und ihre Experten kommen aus den Hauptstädten nach Brüssel, um zu verhandeln und Einigung zu erzielen. Die Ständigen Vertreter der Mitgliedstaaten, die einmal pro Woche im Ausschuss der Ständigen Vertreter (**AStV**) zusammenkommen, werden normalerweise für vier bis fünf Jahre nach Brüssel entsandt, bevor sie ihren Dienstort wechseln oder in ihre Heimat zurückzukehren.

Die Verhandlungen werden von einem Dienst unterstützt, der „Ratssekretariat" heißt. Sein Sitz ist das „Haus der Mitgliedstaaten" in Brüssel – wobei es sich genau genommen um drei benachbarte Gebäude handelt. Der Rat ernennt einen Generalsekretär, der mit der Leitung dieser Organisation beauftragt ist.

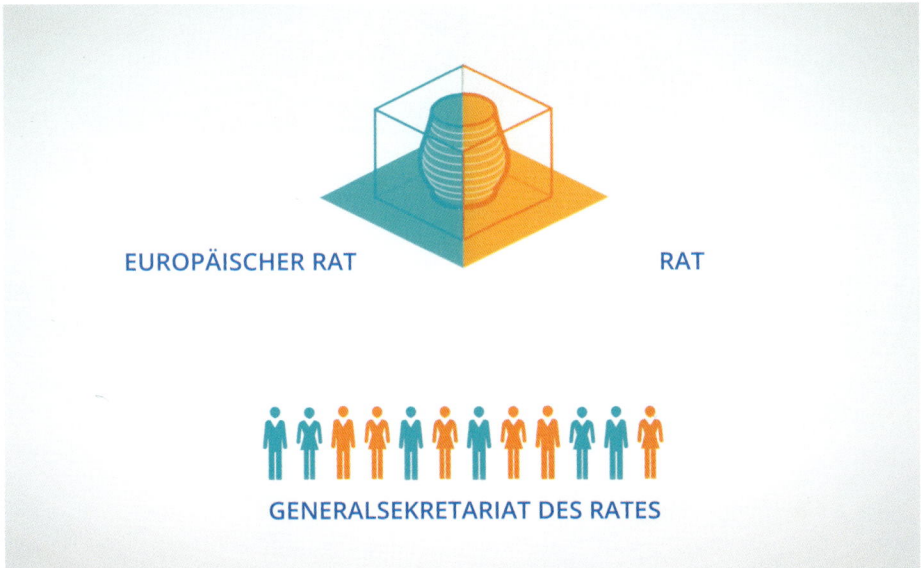

Das Generalsekretariat des Rates unterstützt den Europäischen Rat und den Rat.

Der amtierende Generalsekretär heißt Jeppe Tranholm-Mikkelsen. Im Juni 2015 wurde er vom Rat für eine Amtszeit von fünf Jahren ernannt. Er brachte weitreichende Erfahrungen in EU-Angelegenheiten mit – insbesondere im Europäischen Rat und im Rat. So hatte er zuvor als Ständiger Vertreter und Stellvertreter des Ständigen Vertreters Dänemarks in Brüssel gearbeitet. Während des dänischen Ratsvorsitzes im Jahr 2012 war er Präsident des AStV.

Jeppe Tranholm-Mikkelsen, Generalsekretär des Rates der Europäischen Union

Der Generalsekretär ist

- der wichtigste politische Berater des **Präsidenten des Europäischen Rates** (derzeit Donald Tusk) und des **Ratsvorsitzes** (den die Mitgliedstaaten im Wechsel für jeweils sechs Monate wahrnehmen);
- der Leiter aller Abteilungen und Dienststellen, die die beiden Gremien unterstützen, damit sie effizient arbeiten können.

Als leitender politischer Berater wird der Generalsekretär von mehreren Teams unterstützt, die jeweils auf bestimmte Politikbereiche spezialisiert sind. Diese Teams entsprechen in etwa den zehn Gruppen von Fachgebieten, mit denen sich der Rat beschäftigt: Finanzen, Justiz, Umwelt usw. Außerdem gibt es einen Juristischen Dienst, der die wichtige Aufgabe hat, den Rat und die politisch Verantwortlichen der Mitgliedstaaten zu beraten. In den Verträgen ist klar geregelt, wie Rechtsakte und politische Maßnahmen zustande kommen. Eine der wichtigsten Aufgaben des Generalsekretärs und des Juristischen Dienstes besteht darin, genau darauf zu achten, dass alle Vorschriften korrekt angewendet werden. Ansonsten könnten Rechtsakte oder politische Maßnahmen vom [Europäischen Gerichtshof](#)für ungültig erklärt werden.

Kommunikation und Information sind wichtige Aufgaben des Sekretariats. So unterstützt es die politisch Verantwortlichen, den Rat und die Präsidenten mit Kommunikationsinfrastruktur und -dienstleistungen. Durch das Führen von Aufzeichnungen, die Einrichtung und Veröffentlichung von Archiven und die Gewährleistung von Transparenz und Zugang der Öffentlichkeit zu Dokumenten sorgt das Sekretariat für Offenheit und Rechenschaftspflicht gegenüber der Öffentlichkeit.

Planung und Organisation sind wichtige Bestandteile der Politikberatung. Das Sekretariat hilft bei der Aufstellung dieses Arbeitsprogramms. Es sorgt zudem dafür, dass verschiedene Politiken, die im Rat in verschiedenen Themengruppen erörtert werden, zusammenpassen – etwa Landwirtschaft und Umwelt, Energie und Klimawandel oder Einwanderung und die Beziehungen zu den Nachbarländern. Nicht zuletzt ist das Sekretariat auch ein „Verhandlungsmanager".

Alle Generalsekretäre und Bediensteten des Sekretariats arbeiten während ihrer Amtszeit bzw. Laufbahn zahlreichen halbjährlichen Ratsvorsitzen und wahrscheinlich einigen Präsidenten des Europäischen Rates zu. Deshalb spielen sie eine wichtige Rolle dabei, für Kontinuität und einen reibungslosen Übergang zwischen den Vorsitzen zu sorgen. Sie haben die Erfahrung und somit in Erinnerung, was funktioniert und was nicht. Dies bedeutet, dass Präsidenten und Vorsitze sich politisch und taktisch von ihnen beraten lassen, wenn es darum geht, in Verhandlungen Kompromisse zu finden. Somit ist das Sekretariat auch ein Problemlöser.

Jeden Tag finden rund 20 Sitzungen in den Ratsgebäuden statt (insgesamt sind es etwa 5 800 im Jahr). So könnte auf Ministerebene eine Tagung des Rates „Wirtschaft und Finanzen" stattfinden, während einige Türen weiter die Stellvertreter der Ständigen Vertreter im **AStV** zusammenkommen. Auf der nächsten Etage könnten Sitzungen von **Experten-Arbeitsgruppen** über Luftfahrt, Fischerei, öffentliche Gesundheit, Terrorismus usw. stattfinden.

In jeder dieser Sitzungen sind sämtliche Mitgliedstaaten, der Ratsvorsitz und die Kommission vertreten. Manchmal nehmen auch Vertreter anderer Einrichtungen, etwa der Europäischen Investitionsbank oder der Europäischen Agentur für die Grenz- und Küstenwache, teil. Die Zahl der Teilnehmer an den Sitzungen liegt zwischen 60 und 150. Das Sekretariat muss die Infrastruktur dafür bereitstellen.

Bei Gipfeltreffen und Tagungen des Rates wird simultan in die und aus den 23 Arbeitssprachen der Union gedolmetscht.

Dazu gehören nicht nur die Räumlichkeiten, sondern auch Simultandolmetschen, Dokumente (einschließlich Übersetzungen), Sicherheit und Verpflegung. Jeden Tag kommen etwa 1 500 Personen aus den Mitgliedstaaten zu Verhandlungen ins „Haus der Mitgliedstaaten" nach Brüssel. Das Sekretariat sorgt für die Logistik, die diese Personen benötigen.

Eine wichtige Aufgabe des Sekretariats besteht darin, bei der Kommunikation behilflich zu sein. Ministertagungen werden komplett simultangedolmetscht, und sämtliche dort benötigten Dokumente werden in alle 24 Amtssprachen übersetzt. Vereinbarungsgemäß arbeiten der AStV und die meisten Arbeitsgruppen allerdings in weniger als 24 Sprachen.

Die Übersetzungsabteilung und die Abteilung der Rechts- und Sprachsachverständigen (die die Qualität und Klarheit von Gesetzesentwürfen überprüfen) bilden den größten einheitlichen Tätigkeitsbereich im Sekretariat. Sie bearbeiten jedes Jahr mehr als 15 000 Dokumente (insgesamt etwa 1 Mio. Seiten). Mit mehr als 1 000 Beschäftigten stellen sie rund ein Drittel des gesamten Sekretariatspersonals. Sie arbeiten den politisch Verantwortlichen der Mitgliedstaaten und dem Rat mit einem Tempo und einem Fachwissen zu, die in internationalen Organisationen ihresgleichen suchen.

Während der Gipfeltreffen arbeiten Teams aus allen Sprachabteilungen in einem einzigen Raum und übersetzen Änderungen an den Tagungsdokumenten (Schlussfolgerungen, Erklärungen).

Der Generalsekretär leitet eine Organisation mit rund 2 800 Beschäftigten. Sie werden nach ihrer Qualifikation durch offene Auswahlverfahren, die das Europäische Amt für Personalauswahl (EPSO) durchführt, ausgewählt. Sie werden nicht von den Mitgliedstaaten ausgewählt oder ernannt. Sie arbeiten für die politisch Verantwortlichen auf EU-Ebene und den Rat, nicht für ihre Herkunftsländer. Sie stammen aus allen Mitgliedstaaten. Das Jahresbudget des Sekretariats beläuft sich auf rund 550 Mio. Euro, das sind etwa 0,4 % des **EU-Haushalts**.

INFOBLATT **8**

WIE ENTSCHEIDUNGEN GETROFFEN WERDEN

Im Zuge der Verhandlungen über die Verträge haben die Mitgliedstaaten auch die Abstimmungsregeln für Beschlüsse der Staats- und Regierungschefs (**Europäischer Rat**) und der Minister (**Rat**) festgelegt.

Der Europäische Rat trifft vor allem strategische und politische Entscheidungen, während der Rat in erster Linie über Rechtsakte beschließt.

Wenn der Europäische Rat in strategischen und politischen Fragen die Richtung vorgibt, hält er dies in den sogenannten „Schlussfolgerungen des Europäischen Rates" fest. Sie werden von den Spitzen der EU und der Mitgliedstaaten stets im Konsens verabschiedet. In bestimmten Fällen entscheidet der Europäische Rat auch mit qualifizierter Mehrheit – etwa bei der Wahl seines Präsidenten.

Wenn der Rat **Rechtsakte** verabschiedet, sieht es anders aus. Bevor man sich die Abstimmungsregeln im Einzelnen ansieht, muss man wissen, dass der Rat selten allein entscheidet. Fast immer geschieht dies in Zusammenarbeit mit der Kommission und dem Europäischen Parlament.

Der Rat kann nur dann einen Rechtsakt erlassen, wenn ihm ein Vorschlag der Kommission vorliegt. Bleibt die Kommission bei ihrem Vorschlag, kann der Rat ihn nur dann ändern, wenn alle Mitgliedstaaten einmütig zustimmen.

In den meisten Fällen sind der Rat und das Europäische Parlament bei der Verabschiedung von Rechtsakten „Mitgesetzgeber". Das heißt, sie haben beide die absolut gleichen Befugnisse. Deshalb wird dieses Verfahren als „ordentliches Gesetzgebungsverfahren" oder „Mitentscheidungsverfahren" bezeichnet. Wenn der Rat abstimmt, muss er daran denken, dass am Ende auch das Parlament zustimmen muss. Genauso muss das Parlament an den Rat denken.

Die Regeln, nach denen der Rat abstimmt, sind in den Verträgen festgelegt.

Es gibt drei Abstimmungsverfahren.

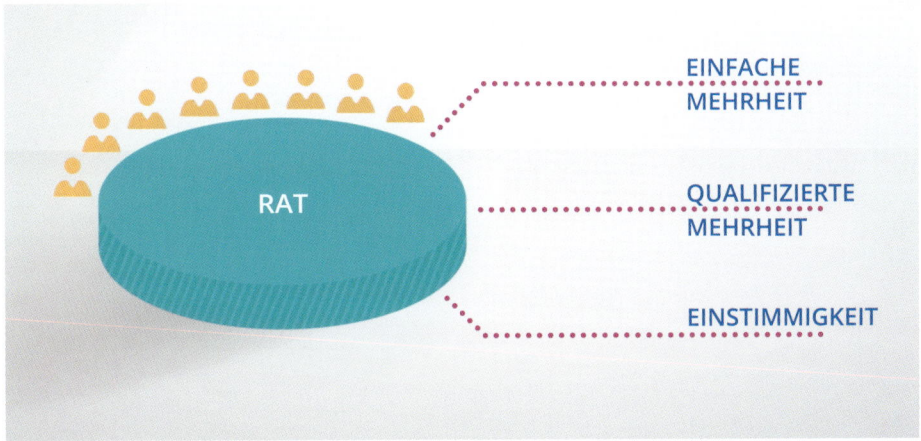

Das Abstimmungsverfahren im Rat umfasst drei Abstimmungsarten.

Das erste betrifft etwa 80 % der Arbeit des Rates, wobei es um Rechtsakte geht, die der Rat und das Europäische Parlament als „Mitgesetzgeber" gemeinsam erlassen. In diesen Fällen stimmt der Rat nach einem Verfahren ab, das „qualifizierte Mehrheit" heißt. Damit eine solche Mehrheit zustande kommt, müssen zwei Bedingungen, die sogenannte „doppelte Mehrheit", erfüllt sein. Erstens müssen 55 % der Mitgliedstaaten zustimmen, also 16 Staaten. Zweitens müssen die Staaten, die zustimmen, mindestens 65 % der EU-Bevölkerung auf sich vereinen. Um dies zu berechnen, werden die Bevölkerungszahlen der einzelnen Mitgliedstaaten jedes Jahr anhand der offiziellen Statistiken aktualisiert.

Eine qualifizierte Mehrheit wird erreicht, wenn 55 % der Mitgliedstaaten, die 65 % der Bevölkerung der EU repräsentieren, einen Verhandlungstext befürworten.

Diese Zahlen werden in einen **Abstimmungsrechner** eingespeist, den jeder als App auf sein Smartphone oder Tablet herunterladen kann. Die gleiche App wird auch im Rat benutzt, um festzustellen, ob bei einer zu treffenden Entscheidung die Schwelle von 65 % der EU-Bevölkerung erreicht wird. Umgekehrt kann eine Entscheidung von vier Mitgliedstaaten blockiert werden, in denen mindestens 35 % der EU-Bevölkerung leben. Staaten können sich auch der Stimme enthalten. Dies hat dieselbe Wirkung wie eine Nein-Stimme, weil Ja-Stimmen vonnöten sind, um die „doppelte Mehrheit" zu erreichen.

Die Abstimmungsrechner-App erlaubt es, zu berechnen, wann eine qualifizierte Mehrheit für die Annahme eines Gesetzes erreicht ist.

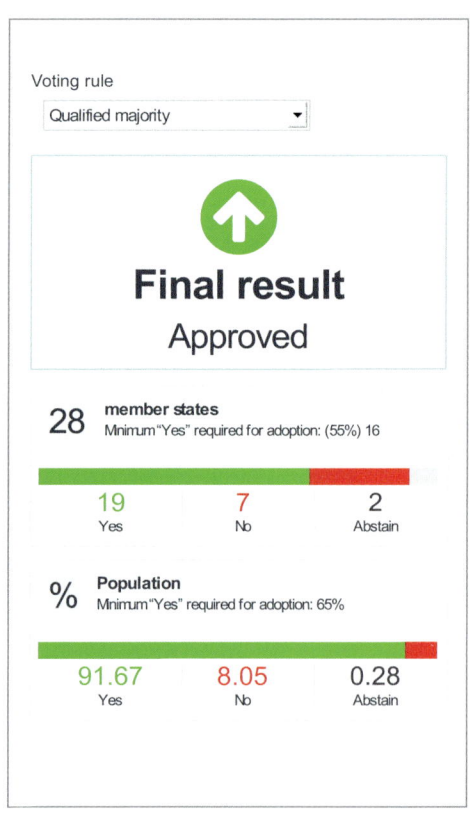

Das zweite Verfahren gilt für Rechtsakte in einigen wenigen Bereichen, in denen der Rat gemäß den Verträgen einstimmig beschließen muss. Mit anderen Worten kann hier jeder Mitgliedstaat ein Veto einlegen. Dies gilt zum Beispiel für den Beitritt neuer Mitgliedstaaten zur Union oder für das Thema Steuern.

Das dritte Verfahren gilt für nicht rechtsetzende Entscheidungen. Dies könnte beispielsweise eine organisatorische Frage betreffen, bei der es darum geht, zu entscheiden, ob eine Ratstagung nicht wie gewohnt in Brüssel oder Luxemburg, sondern ausnahmsweise an einem anderen Ort stattfinden soll. In diesen Fällen wird die Entscheidung mit einfacher Mehrheit getroffen, d. h., mindestens 15 Mitgliedstaaten müssen mit Ja stimmen.

Für das Abstimmungsverfahren gibt es noch eine Reihe weiterer Regeln. So steht in der Geschäftsordnung des Rates, dass eine Abstimmung nur dann gültig ist, wenn die Mehrheit der Mitgliedstaaten daran teilnimmt. Derzeit sind dies mindestens 15.

Abstimmungen sind ein politischer und ein rechtlicher Akt. Sie finden nur auf Ministerebene im Rat statt. Im Ausschuss der Ständigen Vertreter (**AStV**) gibt es normalerweise keine förmlichen Abstimmungen, doch signalisieren die Ständigen Vertreter manchmal vorab, wie ihre Minister im Rat abzustimmen beabsichtigen. Diese „Probeabstimmung" ist ein nützlicher Hinweis für den **Ratsvorsitz**, um zu beurteilen, ob ein Beschluss reif für die Annahme ist. In den **Arbeitsgruppen** wird nicht abgestimmt. Alle Abstimmungen des Rates über Rechtsakte werden automatisch <u>veröffentlicht</u>.

Der Rat kann über einen Kommissionsvorschlag erst abstimmen, wenn mindestens acht Wochen seit seiner Übermittlung an die nationalen Parlamente der Mitgliedstaaten vergangen sind. Damit soll den nationalen Parlamenten ausreichend Zeit gegeben werden, den Vorschlag zu prüfen. In bestimmten Fällen kann eine Gruppe von etwa einem Drittel der nationalen Parlamente die Kommission auffordern, ihren Vorschlag zu überarbeiten.

Dass es hier klare Regeln gibt, vermittelt vielleicht den Eindruck, der Rat würde Entscheidungen immer so schnell wie möglich treffen bzw. sobald der Vorsitz absehen kann, dass eine qualifizierte Mehrheit zustande kommt. Tatsächlich trifft der Rat Entscheidungen üblicherweise auf der Grundlage einer möglichst breiten Unterstützung. Auch wenn es so aussieht, als ob ein Beschluss mit qualifizierter Mehrheit gefasst werden kann, werden die Beratungen zwischen dem Vorsitz und den Mitgliedstaaten meist noch fortgeführt, um Kompromisse zu finden, die möglichst vielen Anliegen der Mitgliedstaaten Rechnung tragen, die in der Minderheit sind.

INFOBLATT 9

WIE DIE UNION GESETZE MACHT (UND WARUM)

Die Union verfolgt bestimmte Ziele für ihre Bürgerinnen und Bürger. Die grundlegenden Ziele sind in den Verträgen festgeschrieben, die von den Mitgliedstaaten ausgehandelt und vereinbart wurden, nachdem sie beschlossen hatten, zusammenzuarbeiten. Die eher mittelfristigen Ziele werden von den Staats- und Regierungschefs der Mitgliedstaaten im **Europäischen Rat** einstimmig festgelegt. Die letzte Einigung, mit der große Ziele festgelegt wurden, gab es im Juni 2014. Damals nahm der Europäische Rat eine strategische Agenda für die nächsten Jahre an.

Um die vereinbarten Ziele zu erreichen, erlässt die Union Rechtsakte und politische Maßnahmen. In den Verträgen haben die Mitgliedstaaten festgehalten, dass diese Rechtsakte in ihrem jeweiligen Hoheitsgebiet gelten – für Regierungen, Einzelpersonen, Unternehmen und andere Organisationen. Ferner haben sie sich auf die Bereiche verständigt, in denen die Union Rechtsakte erlässt. Zwar handelt es sich um umfassende Bereiche, aber sie decken längst nicht alles ab. Die Union kann nur da Rechtsakte erlassen, wo die Mitgliedstaaten ihr dies zugestanden haben.

Die Mitgliedstaaten haben zudem das Verfahren festgelegt, nach dem Rechtsakte zustande kommen. In diesem Verfahren haben sie sich selbst einen wichtigen Platz zugewiesen – dieser Platz ist der **Rat**. So haben die Mitglieder beschlossen, dass es Aufgabe der Kommission ist, Vorschläge für Rechtsakte zu unterbreiten, und dass ihre eigene Aufgabe im Rat darin besteht, diese Rechtsakte gemeinsam mit dem Europäischen Parlament auszuhandeln und zu verabschieden.

In den Verträgen haben sie auch vereinbart, einen unabhängigen Europäischen Gerichtshof zu schaffen, der bei Streitigkeiten über Rechtsakte der Union entscheidet.

In den Medien werden die Gesetze der Union zuweilen einfach nur als „EU-Regeln" bezeichnet. In den Verträgen werden verschiedene Arten von Rechtsakten beschrieben; im Juristendeutsch heißen sie meist „Verordnungen" und „Richtlinien". Verordnungen gelten direkt und unmittelbar in allen Mitgliedstaaten. Richtlinien sind Rechtsvorschriften, die die nationalen Regierungen und Parlamente in innerstaatliches Recht umsetzen müssen, bevor sie in Kraft treten.

Die Vorschläge für Gesetze stammen von der Kommission. Bevor sie ein Gesetz vorschlägt, muss die Kommission zunächst einiges prüfen. Erstens stellt sich folgende Frage: Ist die Union nach den Verträgen befugt, in diesem Bereich Rechtsvorschriften zu erlassen? Jedes Gesetz muss eine Rechtsgrundlage haben. Rechtsvorschriften ohne Rechtsgrundlage kann der Europäische Gerichtshof für nichtig erklären. Zweitens prüft die Kommission auch, ob ihr Vorschlag die Union mit Blick auf ihre Prioritäten voranbringt.

Das Fünfjahresprogramm der Kommission stützt sich direkt auf die strategische Agenda der Staats- und Regierungschefs. Die Kommission prüft noch mehrere weitere Punkte, um sicherzustellen, dass die „Rechtsetzungsmaschine" so effizient wie möglich in Gang gesetzt wird, um die wichtigsten Herausforderungen der Union anzugehen.

Der Vorschlag der Kommission wird dem Rat und dem Europäischen Parlament übermittelt. In den meisten Fällen sind sie sowohl bei den Verhandlungen als auch bei der endgültigen Entscheidung vollkommen gleichberechtigte Partner – dabei handelt es sich um das sogenannte „ordentliche Gesetzgebungsverfahren". Ein Organ vertritt unmittelbar die

Wählerschaft der Union; das andere vertritt die in den einzelnen Mitgliedstaaten gewählten nationalen Regierungen.

Der Rat und das Parlament haben selten die gleiche Einstellung zu einem Vorschlag der Kommission, weil sie unterschiedliche Machtinteressen und Perspektiven vertreten.

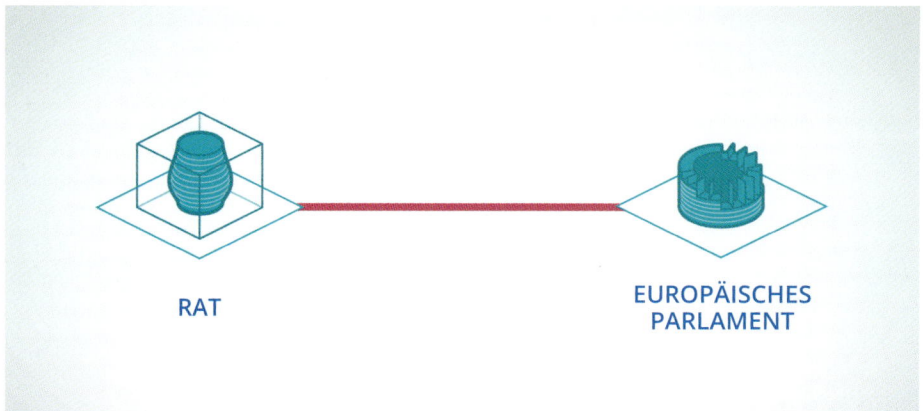

Im Rahmen des ordentlichen Gesetzgebungsverfahrens erlassen das Europäische Parlament und der Rat gemeinsam Rechtsvorschriften.

Im Rat wird ein Vorschlag auf drei Ebenen geprüft: zuerst von Experten aus den Mitgliedstaaten, die in **Arbeitsgruppen** zusammenkommen. Diese Experten, die den Anweisungen ihrer Minister und Ständigen Vertreter folgen, erörtern den Vorschlag im Detail. Auf der zweiten Ebene prüfen die Ständigen Vertreter in ihrem Ausschuss (**AStV**) noch offene Fragen, die nicht von den Arbeitsgruppen gelöst werden konnten. Schließlich wird der Vorschlag auf der obersten Ebene von den Ministern in der **Ratsformation** geprüft, die für das Thema – z. B. Energie, Fischerei, Finanzen oder Justiz – zuständig ist. Die Minister regeln die letzten offenen Fragen durch direkte Verhandlungen oder nehmen die von den Ständigen Vertretern erzielte Einigung förmlich an.

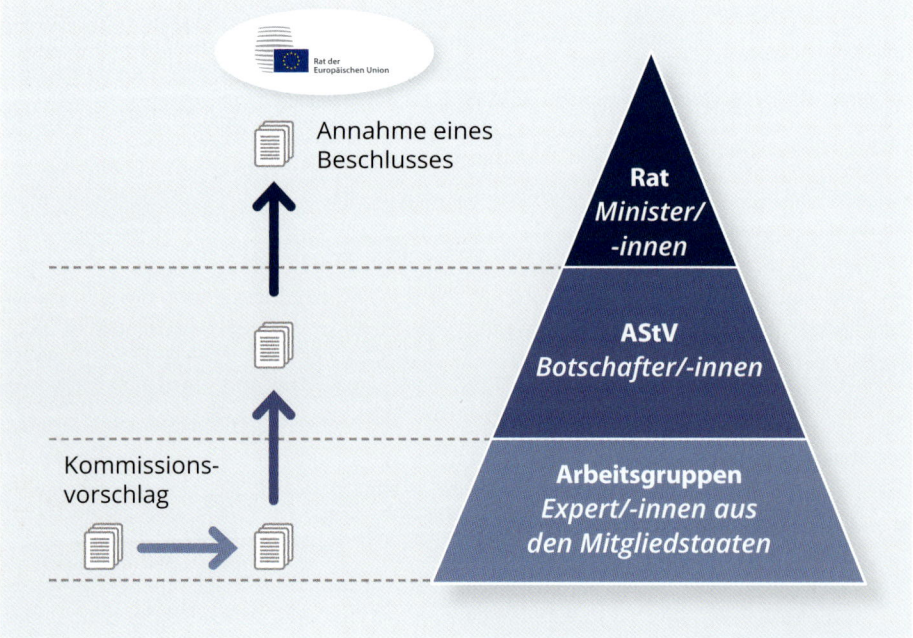

Entscheidungsprozess im Rat

Bevor der Rat die Verhandlungen mit dem Europäischen Parlament aufnimmt, muss er zunächst seinen eigenen Standpunkt festlegen – welche Teile des Kommissionvorschlags unterstützt er, welche lehnt er ab? Die Experten in den Arbeitsgruppen beschäftigen sich mit den technischen, finanziellen und rechtlichen Aspekten des Vorschlags und berichten dem AStV. Danach legt der Rat seinen Standpunkt zu dem Vorschlag fest. Dieser Standpunkt ist das Mandat des Rates für die Beratungen mit dem Europäischen Parlament. Das Mandat muss von einer qualifizierten Mehrheit der Mitgliedstaaten unterstützt werden, die sich nach dem **Abstimmungsverfahren** des Rates berechnet.

Auch das Europäische Parlament legt sein Mandat für die Verhandlungen mit dem Rat fest und folgt dabei seinen eigenen Regeln und Gepflogenheiten.

In der nächsten Phase treffen sich die Vertreter des Rates und des Europäischen Parlaments, um den Kommissionsvorschlag zu erörtern und zu vergleichen, welche Punkte sie darin unterstützen bzw. ablehnen. Da es sich um zwei große Institutionen handelt – die alle nationalen Regierungen und mehr als 750 EP-Abgeordnete vertreten –, werden jeweils Verhandlungsführer ernannt, die sie vertreten.

Für die Verhandlungsführer ist es im Allgemeinen von Vorteil, sich in Brüssel oder Straßburg informell zu treffen, um der anderen Seite ihr jeweiliges Mandat zu erklären. Für den Rat übernimmt immer der **Vorsitz** die Rolle des Verhandlungsführers. Je nachdem, um was für einen Vorschlag es sich handelt, kann der Verhandlungsführer der Präsident bzw. die Präsidentin des AStV (mit Dienstort Brüssel) oder der Präsident bzw. die Präsidentin des Rates (der bzw. die normalerweise in seinem bzw. ihrem Heimatland lebt) sein. Im Zuge der Erläuterung ihrer Mandate eruieren die Verhandlungsführer des Rates und des Europäischen Parlaments bereits Lösungen für die Punkte, in denen unterschiedliche Auffassungen herrschen.

Die Verhandlungsführer berichten der Institution, die sie vertreten (d. h. dem Rat bzw. dem Parlament), über die Punkte, über die Einvernehmen besteht bzw. die strittig sind. Damit die Beratungen im Hinblick auf eine Einigung vorankommen, benötigen beide Seiten geänderte Mandate. Der Ratsvorsitz erhält sein entsprechend aktualisiertes Mandat vom AStV oder von den Ministern im Rat. Nach Beratungen, die sich über Wochen oder Monate erstrecken können, und Mandatsänderungen auf beiden Seiten einigen sich die Verhandlungsführer normalerweise auf einen Lösungsentwurf.

Aufseiten des Rates wird der Lösungsentwurf in der Regel von den Ständigen Vertretern im AStV geprüft, die dabei den Weisungen ihrer Regierungen hinsichtlich Annahme oder Ablehnung folgen. Fällt das Ergebnis positiv aus, wird der Text in die korrekte rechtliche Form gebracht und arbeitsteilig vom **Sekretariat des Rates** und vom Sekretariat des Europäischen Parlaments in alle Amtssprachen der Union übersetzt. Der daraus resultierende Entwurf des Rechtstextes wird im Plenum des Europäischen Parlaments und auf einer Tagung des Ministerrats zur Abstimmung vorgelegt. Auf diese Weise wird aus einem Vorschlag der Kommission ein vom Rat und vom Parlament angenommener Rechtsakt der EU.

Bei einem Gesetzgebungsverfahren des Rates ist der Großteil seiner Tagesordnungen und Berichte **öffentlich zugänglich**; zudem werden die Beratungen der Minister live im Internet übertragen.

INFOBLATT **10**

WIE DIE UNION POLITISCHE ENTSCHEIDUNGEN TRIFFT (UND WARUM)

Die Union verfolgt bestimmt Ziele. Sie tut dies, indem sie Rechtsakte erlässt und politische Entscheidungen trifft. Die Union erlässt Rechtsakte für die Bereiche, für die sie nach den Verträgen zuständig ist und die in den Verträgen klar geregelt und eingegrenzt sind. Eine Politik der Union wiederum kann Verschiedenes bedeuten:

Erstens kann sie ein Bündel von Rechtsvorschriften sein, das sich auf eine Reihe von Leitprinzipien stützt. Die Staats- und Regierungschefs (**der Europäische Rat**) oder die Minister (**der Rat**) legen getrennt voneinander oder gemeinsam Leitprinzipien für ein breites Themenspektrum fest. Der Rat wird dann als Gesetzgeber tätig. Sobald Einigkeit über die Leitprinzipien besteht, werden sie in der Regel in Form von Schlussfolgerungen des Europäischen Rates oder des Rates niedergelegt. Rechtsakte sind bindend; Schlussfolgerungen dienen der Orientierung.

Die beiden folgenden Beispiele zeigen, wie dies funktioniert.

Die Gemeinsame Agrarpolitik zählt zu den ersten gemeinsamen Politiken der Union. Sie wurde auf Grundlage der in den Verträgen verankerten Ziele anhand von Leitprinzipien schrittweise in Rechtsakte gegossen. Im Laufe der Jahre hat sie sich grundlegend verändert. Die heutige Gemeinsame Agrarpolitik ist sehr verschieden von der vor zehn Jahren und unterscheidet sich vollkommen von der vor 20 Jahren. Der Rat hat über die Veränderungen, die er an den Leitprinzipien vornehmen wollte, beraten und dann neue Rechtsakte erlassen.

Die Gemeinsame Agrarpolitik (GAP) der EU ist eine dynamische Politik, die durch mehrere Reformen immer wieder an neue Herausforderungen angepasst worden ist. Die GAP gewährleistet eine sichere und rentable Nahrungsmittelerzeugung und sichert den europäischen Landwirten einen angemessenen Lebensstandard, während sie gleichzeitig dem Tierschutz sowie sozialen und ökologischen Belangen Rechnung trägt. Des Weiteren werden Jungbäuerinnen und -bauern sowie Landwirte in Gebieten mit naturbedingten Benachteiligungen, etwa in Berggebieten, unterstützt.

In den ersten Jahrzehnten der Union bestanden die Leitprinzipien der Gemeinsamen Agrarpolitik hauptsächlich darin, die Produktion und die Einkommen der Landwirte zu steigern. Heute geht es vor allem darum, das zu produzieren, was der Markt verlangt, und dabei den Verbrauchererwartungen durch umweltfreundliche Produktionsverfahren und die Erfüllung hoher Standards für den Tierschutz und die Lebensmittelsicherheit gerecht zu werden. Diese neuen Leitprinzipien sind über viele Jahre vom Rat in Form von Schlussfolgerungen entwickelt worden und dienten als Grundlage für umfassende Reformen. Dank dieser Reformpolitik produziert die Union mittlerweile mehr hochwertige Lebensmittel, als sie für die Deckung des Eigenbedarfs benötigt, und sie tut dies unter dauerhaft umweltgerechten Bedingungen. Die Agrarpolitik ist zudem Grundlage für einen der wichtigsten Exportsektoren der Union, der Millionen von Menschen in Lebensmittel- und Agrarunternehmen beschäftigt.

Die gemeinsame Energiepolitik der Union – inzwischen „Energieunion" genannt – gibt es noch nicht so lange.

Im Energiebereich befindet sich die Union in einer ganz anderen Lage als im Agrar- und Lebensmittelbereich. Sie ist in hohem Maße abhängig von Energieeinfuhren. Einige Mitgliedstaaten sind stärker darauf angewiesen und daher verwundbarer als andere. Energie lässt sich nicht so leicht innerhalb der Union von einem Mitgliedstaat in einen anderen transportieren, um den Bedarf zu decken. Dies liegt zum Teil an fehlenden Infrastrukturen, zum Teil aber auch daran, dass wir keinen vollständig offenen Energiebinnenmarkt haben. Unsere internen Energiegrenzen schützen niemanden, sie machen uns nur verwundbarer, anfälliger für Versorgungsengpässe und Preisschwankungen. Einige Energiearten tragen zum Klimawandel bei und bedrohen unseren Planeten. Eine effizientere Energienutzung und der Einsatz erneuerbarer Energien sind derart große Herausforderungen, dass die Mitgliedstaaten sie nur gemeinsam bewältigen können.

- Als der Europäische Rat erörtert hat, welches die fünf größten Herausforderungen für die Union in den kommenden Jahren sind, hat er in seiner strategischen Agenda festgehalten, dass Energie und Klimaschutz dazugehören. In seinen Schlussfolgerungen hat er sich auf politische Leitlinien verständigt.
- Die Europäische Kommission hat daraufhin eine Strategie für eine Energieunion vorgeschlagen. Diese wurde sowohl vom Europäischen Rat als auch von den Energie- und Umweltministerinnen und -ministern im Rat erörtert. Beide Organe haben in ihren Schlussfolgerungen politische Leitlinien festgelegt.
- Auf Grundlage dieser Leitlinien hat die Kommission dem Rat und dem Europäischen Parlament Rechtsakte vorgeschlagen. Viele davon sind mittlerweile gebilligt und erlassen worden. Somit sind bereits positive Ergebnisse zu verzeichnen. Aber die Beratungen gehen weiter.
- Deshalb wird derzeit an einer gemeinsamen Energiepolitik – oder einer Energieunion – gearbeitet. Sie besteht aus politischen Leitlinien des Europäischen Rates und des Rates sowie aus Rechtsakten des Rates und des Europäischen Parlaments.

Politikgestaltung

Juni 2014	Der Europäische Rat verabschiedet die <u>strategische Agenda</u> der EU, die als eine Priorität die Energieunion umfasst und sich auch auf den Klimaschutz erstreckt.
Oktober 2014	Der Europäische Rat verabschiedet seinen <u>Rahmen für die Klima- und Energiepolitik</u> bis 2030, in dem folgende Ziele festgelegt sind: • weniger Treibhausgasemissions, • mehr erneuerbare Energien bei der Energieversorgung, • mehr Energieeffizienz, • Vollendung des Energiebinnenmarkts, • mehr Energieversorgungssicherheit.
Februar 2015	Die Kommission unterbreitet ihre <u>Strategie für eine Energieunion</u> mit einem entsprechenden Zeitplan für den Aufbau dieser Union.
März 2015	Der Europäische Rat einigt sich auf die Schaffung einer <u>Energieunion</u>
Juni 2015	Der Rat verabschiedet <u>Schlussfolgerungen</u> zu zwei übergeordneten Aspekten der Energieunion: Stärkung der Position der Verbraucher und Anziehung von Investitionen.

Gesetzgebung

Februar 2016	Die Kommission unterbreitet drei Gesetzgebungsvorschläge, die der Rat prüft und gemeinsam mit dem Europäischen Parlament erlässt:
Dezember 2016	<u>Energieversorgungssicherheit</u>: Der Rat verabschiedet einen Beschluss über die <u>Energieabkommen</u> der einzelnen Mitgliedstaaten mit Drittstaaten, der Transparenz bei den Gaspreisen und eine sicherere Gasversorgung gewährleisten soll.
März 2017	<u>Energieeffizienz</u>: Der Rat verständigt sich auf eine Verordnung zur Energieeffizienzkennzeichnung. Energieetiketten bringen die Industrie dazu, effizientere Haushaltsgeräte herzustellen, und helfen den Verbrauchern, derartige Produkte zu wählen.
April 2017	Energieversorgungssicherheit: Der Rat verständigt sich auf eine <u>Verordnung</u> über Maßnahmen, die bei Gasengpässen die Energieversorgung der Bürger sicherstellen sollen.
November 2016	Die Kommission unterbreitet ihr Paket „Saubere Energie", mit dem die Ziele der EU in Bezug auf erneuerbare Energien und Energieeffizienz in Rechtsvorschriften umgesetzt werden. Das Paket enthält auch Vorschläge zur <u>Gestaltung des Strommarkts</u>, eine der Prioritäten bei der Vollendung des Energiebinnenmarkts. Hierdurch sollen die Infrastrukturen verbessert, der Stromhandel innerhalb der EU gefördert und ein Wechsel zwischen Energieversorgern erleichtert werden, damit die Bürger von günstigeren Energiepreisen profitieren können.
Juni 2017	<u>Energieeffizienz</u>: Der Rat verabschiedet zwei überarbeitete Richtlinien, die die billigste Energie betreffen, nämlich die Energie, die erst gar nicht verbraucht wird. Die Richtlinien sollen die Gebäuderenovierung sowie Energieeinsparungen auf allen Gebieten fördern.
2017-2018	Laufende Beratungen über erneuerbare Energien, die Gestaltung des Strommarkts und ein Steuerungssystem. Mit dem Steuerungssystem soll überwacht werden, ob die EU ihre Ziele fristgerecht erreicht.
2018	Verhandlungen mit dem Europäischen Parlament über das Paket „Saubere Energie"

Politikgestaltung und Gesetzgebung – erläutert am Beispiel der Entwicklung der Energiepolitik

Diese Politik beruht hauptsächlich auf folgenden Säulen:

- Energieversorgungssicherheit und -solidarität (d. h. stärkere Diversifizierung der Energieträger, der Lieferanten und der Versorgungswege);
- einem offenen Binnenmarkt (d. h. Abbau der rechtlichen Grenzen zwischen den Energiemärkten und mehr Verbindungsleitungen für Gas und Strom);
- mehr Energieeffizienz, um den Energiebedarf zu drosseln (insbesondere soll die Energieeffizienz zwischen 2014 und 2030 um 27 % gesteigert werden);
- Verringerung der Treibhausgasemissionen in der Union durch Steigerung des Anteils der Energie aus erneuerbaren Quellen (Verringerung der Treibhausgasemissionen zwischen 1990 und 2030 um 40 % und Steigerung des Anteils der Energie aus erneuerbaren Quellen auf 27 % des Verbrauchs bis 2030);
- umfangreiche Investitionen in Forschung und Entwicklung, sodass die Union dank Geräten mit intelligentem Energieeinsatz in Privatwohnungen, sauberem Verkehr, sauberen fossilen Brennstoffen und sicherer und nachhaltiger Kernenergie eine Vorreiterrolle einnimmt.

In anderen Fällen kann die Unionspolitik in Leitlinien oder vereinbarten Zielen bestehen, ohne dass bindende Rechtsakte erlassen werden. Monat für Monat trifft der Rat in Form von „Schlussfolgerungen" Entscheidungen über ein breites Spektrum von Sachfragen. Dabei kann es um sehr spezielle Fragen gehen (z. B. um unlautere Handelspraktiken von Supermärkten, die das Einkommen der Landwirte schmälern) oder um eher allgemeine Fragen (z. B. um den illegalen Handel mit wild lebenden Arten oder um die weltweiten Anstrengungen zur Bekämpfung von Aids).

Diese Schlussfolgerungen des Rates zeigen, dass die Ministerinnen und Minister der Mitgliedstaaten auf ihren Tagungen sogar in Bereichen, für die es nur eine begrenzte Rechtsgrundlage in den Verträgen gibt, bei einem Problem regelmäßig zusammenarbeiten. Dabei sind sie oft bereit, auch über ein gemeinsames unverbindliches Konzept für ein Problem zu beraten und sich auf entsprechende Schlussfolgerungen zu einigen.

Daneben werden Schlussfolgerungen des Rates sehr häufig dazu verwendet, die Position der Union und der Mitgliedstaaten im Bereich der **Außenbeziehungen** darzulegen. Der Rat „Auswärtige Angelegenheiten" kommt monatlich unter dem Vorsitz seines ständigen Präsidenten, dem Hohen Vertreter bzw. der Hohen Vertreterin, zusammen, um die politische und sicherheitspolitische Lage in der Welt zu erörtern. Er verständigt sich auf Schlussfolgerungen zu Regionen, zu einzelnen Ländern oder zu übergreifenden Themen (wie Menschenrechte oder Chemiewaffen).

Je nach Fall legen die Mitgliedstaaten ihre Ziele, ihre Grundsätze oder ihre beabsichtigten Maßnahmen in Schlussfolgerungen oder Erklärungen dar. Diese Schlussfolgerungen dienen den Regierungen der Mitgliedstaaten als Richtschnur, wenn sie ihre eigenen außenpolitischen Maßnahmen festlegen.

INFOBLATT **11**

WIE DIE MITGLIEDSTAATEN DEN UNIONSHAUSHALT PLANEN UND BESCHLIESSEN

Jedes Projekt benötigt einen Haushalt. Bei großen Projekten ist nicht nur ein Jahreshaushalt, sondern ein <u>mehrjähriger Finanzplan</u> erforderlich. Alles wird in Brüssel von den wichtigsten Akteuren der Union – der Kommission, dem Europäischen Parlament und den Mitgliedstaaten im **Europäischen Rat** und im **Rat** – ausgehandelt und vereinbart. Der Unionshaushalt ist keine Ausnahme.

Die Union verfügt über einen siebenjährigen Finanzrahmen für 2014 bis 2020. Er dient dazu, für die sieben Jahreshaushalte in diesem Zeitraum eine Gesamtobergrenze festzulegen, und gewährleistet, dass die Mittel für die prioritären Ziele der Union verwendet werden. Nach dem derzeitigen Finanzrahmen sind die Gesamtausgaben für die sieben Jahre auf 910 Mrd. Euro begrenzt. Dies entspricht rund 1 % der gesamten Wertschöpfung der Volkswirtschaften der Mitgliedstaaten.

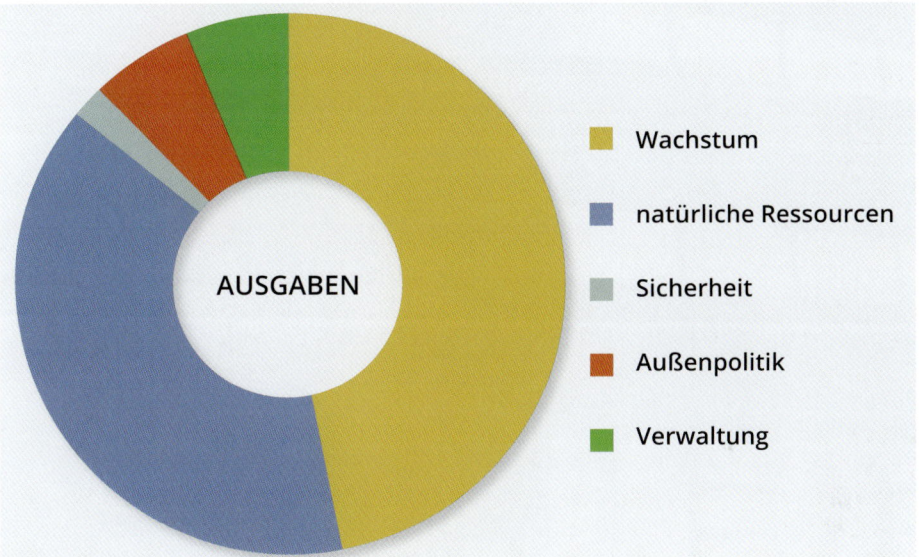

Der Ausgabenplan der EU von 2014 bis 2020

Die öffentlichen Ausgaben der Union betragen etwa 2,5 % aller öffentlichen Ausgaben der Mitgliedstaaten. Ungefähr 90 % des Unionshaushalts wird direkt von den Regierungen der Mitgliedstaaten für genehmigte Projekte und Programme ausgegeben. Die Kommission verwaltet die Mittel und ist rechtlich für deren ordnungsgemäße Verwaltung verantwortlich.

Der Finanzrahmen ist in sieben Rubriken unterteilt – fünf davon entsprechen politischen Zielen (die beiden übrigen betreffen die Verwaltung). Für jede der sieben Rubriken gilt eine eigene Obergrenze, um sicherzustellen, dass die Gesamtobergrenze eingehalten wird. Zu den politischen Zielen zählen folgende:
- 47 % des Haushalts für Wachstum:
  - beschäftigungsfördernde Maßnahmen (Mittel für Forschung, Innovation, Bildung sowie transeuropäische Energie-, Telekommunikations- und Verkehrsnetze),

- •• Solidarität zwischen den Menschen und Regionen (Mittel für Investitionen in den ärmeren Regionen, damit sie ihren Rückstand aufholen können);
- 39 % des Haushalts für den Einsatz unserer natürlichen Ressourcen für ein nachhaltiges Wachstum (Mittel für Landwirtschaft, Fischerei und Umwelt);
- 1,6 % des Haushalts für die Sicherheit der Unionsbürger (Mittel für Grenzschutz, öffentliche Gesundheit, Verbraucherschutz, Migration und Asyl);
- 6 % des Haushalts für außenpolitische Maßnahmen (Mittel für Entwicklung und humanitäre Hilfe sowie andere außenpolitische Maßnahmen).

Die restlichen 6 % sind für die Verwaltung bestimmt, überwiegend für die laufenden Ausgaben für Gebäude, Personal und Material der Unionsorgane. Das **Ratssekretariat** verwendet 8 % dieses restlichen Betrags für die Unterstützung des Europäischen Rates und des Rates. Bei einem Siebenjahresrahmen ist es zudem sinnvoll, im Hinblick auf Flexibilität und für Notfälle gewisse Reserven vorzusehen. Diese Reserven wurden beispielsweise bei Naturkatastrophen in der Union (wie Überschwemmungen oder Erdbeben) oder für Maßnahmen bei einem plötzlichen Zustrom von Migranten (etwa zur Einrichtung einer Grenzschutzbehörde) eingesetzt.

Die Beratungen über den Finanzrahmen sind ebenso intensiv wie die Beratungen über die Prioritäten der Union. Ohne den Finanzrahmen können die Ziele und Prioritäten der Union nicht verwirklicht werden.

Die Kommission hat dem Rat 2011 einen Vorschlag für den geltenden Finanzrahmen vorgelegt. Die Mitgliedstaaten haben ihn im Rat geprüft, wie gewöhnlich auf drei Ebenen (in den **Arbeitsgruppen**, zu denen Experten aus den Hauptstädten kommen, im **Ausschuss der Ständigen Vertreter** und im Ministerrat). Da der Finanzrahmen jedoch strategisch wichtig ist, haben die Staats- und Regierungschefs der Mitgliedstaaten im Europäischen Rat über die großen Zahlen – wie den Gesamtbetrag und die Beträge für die sieben Rubriken – beraten und entschieden. Auf Grundlage dieser Leitlinien hat der Rat sodann den Finanzrahmen verabschiedet.

Die **Abstimmungsregel** schreibt beim Finanzrahmen Einstimmigkeit vor, d. h., ohne die Zustimmung aller Mitgliedstaaten gibt es keinen Finanzrahmen. Auch das Europäische Parlament muss – mit der Mehrheit seiner 751 Abgeordneten – zustimmen. Auf dem Höhepunkt der Verhandlungen im Juni 2013 haben die Präsidenten des Rates, der Kommission und des Europäischen Parlaments viele Wochen lang persönlich miteinander verhandelt.

Die Verhandlungen über den geltenden Finanzrahmen haben zwei Jahre gedauert, angefangen vom Kommissionsvorschlag, danach die Festlegung der Leitlinien durch den Europäischen Rat und schließlich die Verabschiedung der verschiedenen **Rechtsakte** durch den Rat und das Europäische Parlament. Sie haben in der Hauptsache zu folgenden Ergebnissen geführt:
- Der Gesamtbetrag des Finanzrahmens 2014-2020 wurde gegenüber 2007-2013 um etwa 3,5 % gekürzt. Damit wurde zum ersten Mal ein neuer Finanzrahmen verabschiedet, der weniger Mittel vorsieht als sein Vorgänger.
- Trotz der geringeren Mittelausstattung wurde mehr Geld für wachstums- und beschäftigungsfördernde Projekte (Forschung, Innovation, Infrastrukturen und Netze) bereitgestellt. Allerdings gibt es weniger Mittel für andere Projekte (insbesondere für die Landwirtschaft und für Investitionen in den ärmeren Regionen).
- Die Gelder für Sicherheitsmaßnahmen wurden aufgestockt. Sie wurden 2016 und 2017 angesichts der Migrationskrise unter Rückgriff auf die Flexibilitäts- und Notfallreserven weiter erhöht. Auch für auswärtige Maßnahmen sind mehr Mittel vorgesehen.

Zahlreiche unterschiedliche Projekte werden über die Strukturfonds und den Kohäsionsfonds der EU aus dem EU-Haushalt unterstützt. Von oben und von links nach rechts: Dieses neue Sekundarschulgebäude in Põlva beherbergt die allererste Schule Estlands, die nahezu energieautark ist. Die Poljanska-Umgehungsstraße um die Stadt Škofja Loka in Slowenien bewirkt, dass sich das starke Verkehrsaufkommen auf den engen mittelalterlichen Straßen der Stadt erheblich verringert hat. In dieser Schule in Limerick, Irland, wird die alte Tradition des Holzbootbaus weitergeführt. Im Rahmen des Projekts „MED-laine Sardinia" in Italien sollen Wissenschaft und Marketing dazu beitragen, neue Absatzmärkte für die traditionell hergestellte mediterrane Wolle zu erschließen. Die Brauerei Komotiní in Nordgriechenland bietet dank einer Diversifizierung ihrer Produktion neben Bier jetzt auch ein traditionelles Getränk auf Teebasis an.

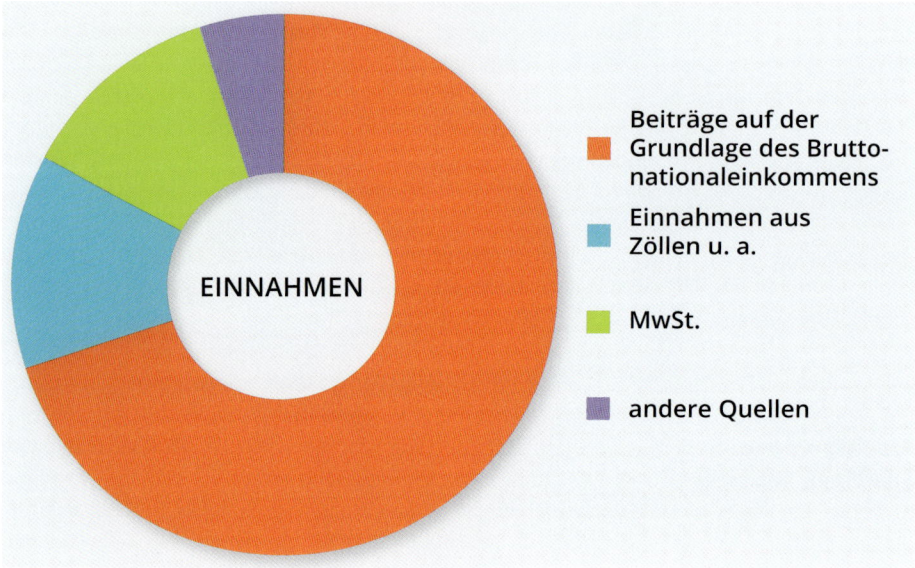

Beiträge auf der Grundlage des Bruttonationaleinkommens

Einnahmen aus Zöllen u. a.

MwSt.

andere Quellen

EINNAHMEN

Einnahmenquellen der EU 2015

Die Regierungen der Mitgliedstaaten beziehen ihre Einnahmen aus Steuern. Die Union erhebt keine Steuern, sondern bezieht ihre Einnahmen von den Mitgliedstaaten, und zwar folgendermaßen (Stand: 2015):

- 70 % stammen von einem Anteil (rund 0,7 %) an der Wirtschaftsleistung der Mitgliedstaaten (sogenanntes Bruttonationaleinkommen);
- 13 % von Zöllen auf Einfuhren aus Drittstaaten und aus Abgaben auf die Zuckerproduktion;
- 12 % von einem Anteil an den MwSt.-Einnahmen der Mitgliedstaaten;
- 5 % von unterschiedlichen Quellen (unter anderem Einkommenssteuern auf die Gehälter der Unionsbediensteten und Zahlungen von Drittstaaten für die Teilnahme an Unionsprogrammen).

Jeder Jahreshaushalt ist ein Schritt zur Durchführung des Siebenjahresrahmens. Die Kommission unterbreitet einen Haushaltsentwurf. Der Rat legt seinen Standpunkt dazu fest. Das Europäische Parlament nimmt Abänderungen am Standpunkt des Rates vor. Rat und Parlament treffen sich sodann, um einen Kompromiss auszuhandeln.

Mit diesem Jahreshaushalt wird der Siebenjahresrahmen jährlich umgesetzt. Dabei kann die Union auch auf die Flexibilitäts- und Notfallreserven zurückgreifen, um auf neue Gegebenheiten zu reagieren. So wurden beispielsweise die im Haushalt 2017 für Sicherheitsmaßnahmen vorgesehenen Mittel auf 3 % angehoben und damit nahezu verdoppelt, um Geld für den Grenzschutz, Sozialausgaben, Ausbildungsmaßnahmen und sonstige Erfordernisse infolge der Flüchtlings- und Migrationskrise bereitzustellen.

INFOBLATT 12

AUSSENBEZIEHUNGEN

Neben Ländern wie den Vereinigten Staaten und China gehört die Union zu den wichtigsten globalen Akteuren. Sie zählt zu den weltweit größten Exporteuren und Importeuren von Waren und Dienstleistungen. Zusammen mit ihren Mitgliedstaaten stellt sie weltweit mehr als die Hälfte der Entwicklungshilfe und der humanitären Hilfe bereit. Sie fördert die friedliche Beilegung von Konflikten – nicht nur im Wege der Diplomatie, sondern auch, indem sie Menschen und Ausrüstungen in Konfliktgebiete entsendet, um Konfrontationen zu verhindern oder den Frieden zu erhalten.

Die Union beteiligt sich aktiv an der Arbeit nahezu aller internationalen Organisationen. Sie ist besonders in ihrer östlichen und südlichen Nachbarschaft aktiv, aber auch auf allen anderen Kontinenten. Bei ihren Maßnahmen lässt sie sich von ihren Werten und Interessen leiten. Hierzu zählen der freie und faire Handel, die Menschenrechte und die nachhaltige Entwicklung.

Die Außenbeziehungen sind ein sehr weites Feld, das sich auf auswärtige Angelegenheiten, Sicherheitspolitik, Verteidigungspolitik, Handel, Entwicklungshilfe und humanitäre Hilfe erstreckt. Nach den Verträgen sind die Mitgliedstaaten nach wie vor in hohem Maße autonom, was die Außenbeziehungen anbelangt. In bestimmten Bereichen, etwa beim internationalen Handel, liegt die Unionspolitik jedoch in Händen der Kommission und ersetzt weitgehend die nationale Handelspolitik. In vielen anderen Bereichen, beispielsweise bei der Entwicklungshilfe, verfolgt die Union das Ziel, ihre eigenen Maßnahmen mit den Maßnahmen der Mitgliedstaaten zu kombinieren und dafür zu sorgen, dass alle aufeinander abgestimmt sind.

Die allgemeinen Prioritäten der Union in den Außenbeziehungen werden von den Staats- und Regierungschefs der Mitgliedstaaten im **Europäischen Rat** festgelegt. Sie sind in der knapp 300 Wörter umfassenden strategischen Agenda vom Juni 2014 zusammengefasst. Auf jedem Gipfeltreffen werden bestimmte Aspekte der Außenbeziehungen erörtert und die Ergebnisse in „Schlussfolgerungen" festgehalten.

Präsident Donald Tusk und die Hohe Vertreterin Federica Mogherini beim Gipfeltreffen EU-China am 1./2. Juni 2017 in Brüssel

Als Präsident des Europäischen Rates vertritt Donald Tusk die EU in auswärtigen Angelegenheiten und in der Sicherheitspolitik. Bei Bedarf arbeitet er eng mit dem Kommissionspräsidenten oder dem „Leiter" bzw. der „Leiterin" der EU-Außenpolitik zusammen. Sein bzw. ihr offizieller Titel ist „Hohe(r) Vertreter(in)"; derzeit bekleidet dieses Amt die ehemalige italienische Außenministerin Federica Mogherini. Sie wurde von den Staats- und Regierungschefs für fünf Jahre ernannt. Sie nimmt an den Tagungen des Europäischen Rates teil, dem sie ihre Analysen vorträgt und Vorschläge unterbreitet und von dem sie Anweisungen für ihr weiteres Vorgehen entgegennimmt.

Der bzw. die Hohe Vertreter(in) führt den Vorsitz im Rat „Auswärtige Angelegenheiten", der einmal im Monat tagt und dem die Außenminister der Mitgliedstaaten angehören. Der Rat „Auswärtige Angelegenheiten" ist die einzige **Ratsformation** mit **einem Präsidenten bzw. einer Präsidentin**, der bzw. die dieses Amt fünf Jahre bekleidet – bei allen anderen Ratsformationen wechselt der Vorsitz alle sechs Monate. Die Prioritäten der Staats- und Regierungschefs werden im Rat „Auswärtige Angelegenheiten" weiter verfolgt. Ist ein **Rechtsakt** erforderlich, so unterbreitet die Kommission einen Vorschlag, über den der Rat (manchmal gemeinsam mit dem Europäischen Parlament) entscheidet. Der bzw. die Hohe Vertreter(in) ist gleichzeitig Vizepräsident(in) der Kommission und wirkt an der Ausarbeitung des Vorschlags mit.

Die Hohe Vertreterin Federica Mogherini bei einer Übung für Hubschrauberbesatzungen für zukünftige EU- oder NATO-Missionen

Er bzw. sie ist zudem Leiter(in) des diplomatischen Dienstes der Union – **des Europäischen Auswärtigen Dienstes** (EAD). Dieser hat seinen Sitz in Brüssel, wie der Rat und die Kommission. Er verfügt außerdem über ein Netz von etwa 140 Delegationen in der Welt. Rund ein Drittel seines Personals sind Diplomaten der auswärtigen Dienste der Mitgliedstaaten. Sie sind vorübergehend zum EAD abgestellt. Die restlichen Mitarbeiter stammen vom **Ratssekretariat**, von der Kommission und vom Europäischen Parlament.

Der Rat „Auswärtige Angelegenheiten" befindet eher über die **Politik** als über Rechtsakte. Er tut dies in Form von Schlussfolgerungen und Erklärungen des Rates. Die Vorschläge hierfür werden von der Präsidentin des Rates Federica Mogherini vorgelegt. Diese Vorschläge werden von den Außenministern erörtert, geändert und gebilligt.

In den Außenbeziehungen lässt sich die Union unter anderem von dem Grundsatz leiten, dass sie friedliche und geordnete Beziehungen zwischen den Ländern fördert. Dies kann im Rahmen großer Organisationen wie den Vereinten Nationen (VN), der Welthandelsorganisation (WTO) oder der Weltgesundheitsorganisation (WHO) geschehen. Oder in Gremien, die sich mit einem einzigen Thema befassen, wie das VN-Klimaübereinkommen oder der Internationale Luftverkehrsverband (IATA).

Der Rat „Auswärtige Angelegenheiten" macht Vorgaben für die Verhandlungen und gibt seine Zustimmung zu internationalen Übereinkünften der Union, etwa mit Drittländern oder mit internationalen Einrichtungen (wie den VN).

Viele dieser Übereinkünfte betreffen den Handel; die Union hat über 40 Handelsabkommen mit Ländern und Regionen weltweit geschlossen und verhandelt derzeit über weitere Abkommen. Der Rat erteilt der Kommission ein Mandat, die die Verhandlungen im Namen der gesamten Union führt. Am Ende der Verhandlungen **stimmt** der Rat über die Unterzeichnung und den Abschluss des Abkommens ab. Alle internationalen Übereinkünfte mit Ausnahme der Übereinkünfte im außen- und sicherheitspolitischen Bereich bedürfen der Zustimmung des Europäischen Parlaments.

Der Rat „Auswärtige Angelegenheiten" kann zudem Operationen in verschiedenen Teilen der Welt beschließen. 2017 gibt es rund 15 laufende Operationen mit ungefähr 5 000 Personen im Einsatz. Diese Operationen können der Friedenssicherung, der Konfliktverhütung, der Förderung der Rechtsstaatlichkeit, der Bekämpfung der Seeräuberei und des Menschenhandels oder der Durchsetzung von VN-Waffenembargos dienen.

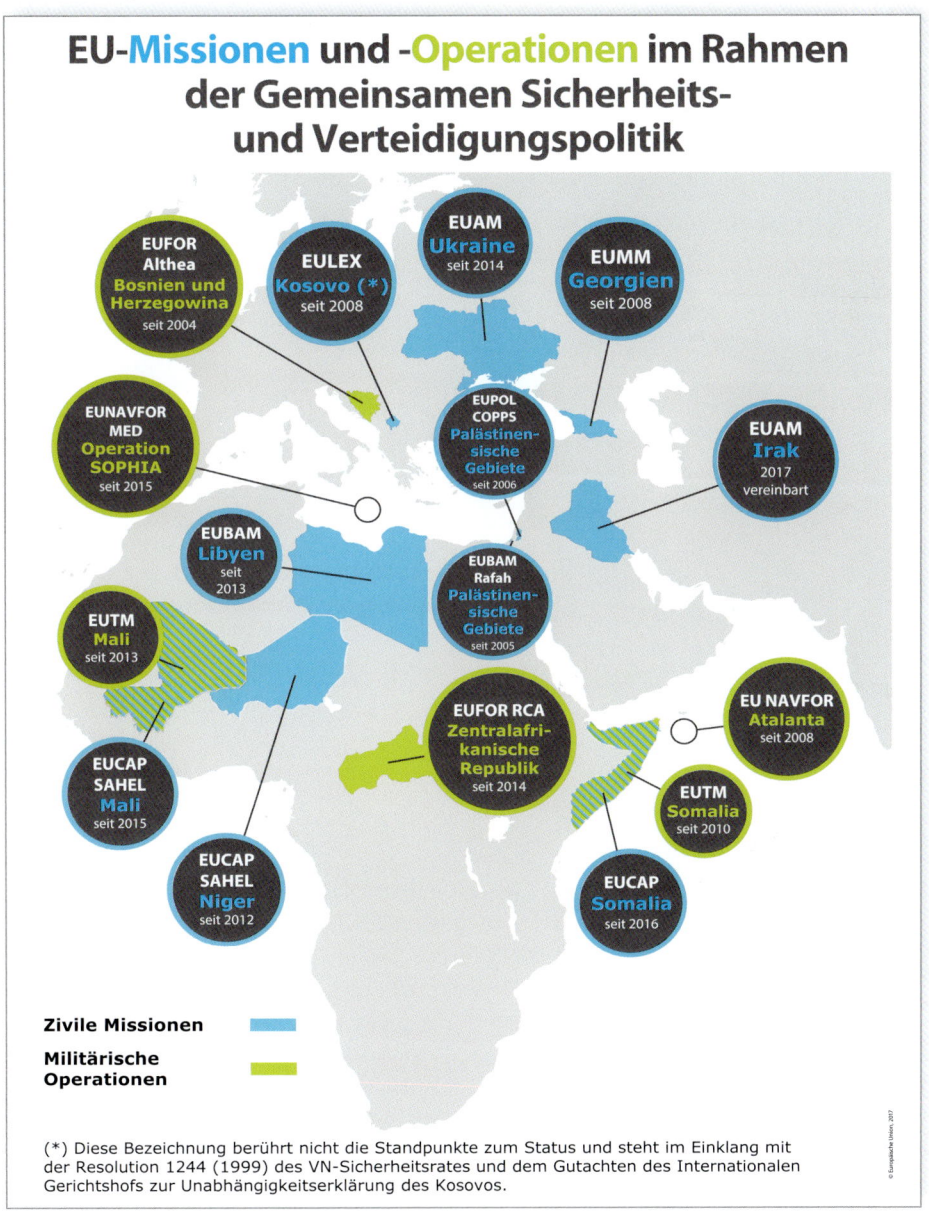

EU-**Missionen** und -**Operationen** im Rahmen der Gemeinsamen Sicherheits- und Verteidigungspolitik

EUFOR Althea Bosnien und Herzegowina seit 2004

EULEX Kosovo (*) seit 2008

EUAM Ukraine seit 2014

EUMM Georgien seit 2008

EUNAVFOR MED Operation SOPHIA seit 2015

EUPOL COPPS Palästinensische Gebiete seit 2006

EUAM Irak 2017 vereinbart

EUBAM Libyen seit 2013

EUBAM Rafah Palästinensische Gebiete seit 2005

EUTM Mali seit 2013

EUCAP SAHEL Mali seit 2015

EUFOR RCA Zentralafrikanische Republik seit 2014

EU NAVFOR Atalanta seit 2008

EUTM Somalia seit 2010

EUCAP SAHEL Niger seit 2012

EUCAP Somalia seit 2016

Zivile Missionen

Militärische Operationen

(*) Diese Bezeichnung berührt nicht die Standpunkte zum Status und steht im Einklang mit der Resolution 1244 (1999) des VN-Sicherheitsrates und dem Gutachten des Internationalen Gerichtshofs zur Unabhängigkeitserklärung des Kosovos.

Je nachdem, welche Fachkräfte und Ausrüstungen benötigt werden, können die Operationen aus Soldaten, Polizisten, Richtern oder Zivilpersonen bestehen. In diesen Fällen wird die Operation von Spezialisten aus den Mitgliedstaaten unter Verwendung ihrer eigenen Ausrüstung (Hubschrauber, Schiffe usw.) durchgeführt.

Die meisten Operationen finden in der europäischen Nachbarschaft oder in Afrika statt. Da die Union selbst über keine Streit- oder Polizeikräfte und auch über keinen festen Haushaltsposten für solche Operationen verfügt, vereinbart der Rat „Auswärtige Angelegenheiten" für jede einzelne Operation einen gesonderten Haushalt. Zuweilen tragen Drittstaaten (etwa Norwegen, Island oder Neuseeland) mit Personal oder Ausrüstung zu diesen Operationen bei.

Präsident Donald Tusk spricht im Namen der EU am 21. September 2016 vor der Generalversammlung der Vereinten Nationen.

Nicht immer lassen sich Außenbeziehungen und Innenpolitik klar voneinander trennen. Dies gilt beispielsweise bei Terrorismus, Energie oder Migration. Zu allen diesen Fragen lassen sich die Staats- und Regierungschefs im Europäischen Rat unter Vorsitz von Donald Tusk auf dem Laufenden halten und machen strategische Vorgaben. Auf der nächsten Stufe übernehmen – je nachdem, um welche Fragen es sich handelt und was in den Verträgen festgelegt ist – der Rat, der bzw. die Hohe Vertreter(in), die Kommission oder die Mitgliedstaaten die Führung bei der Organisation der gemeinsamen Aktion.

INFOBLATT 13

DIE ARBEIT DES RATES VERFOLGEN

Die Arbeit des Europäischen Rates und des Rates kann leicht verfolgt werden.

Alle wichtigen Akteure sind in den sozialen Medien aktiv.

- **Der Präsident** des Europäischen Rates Donald Tusk hat ein Twitter-, ein Facebook- und ein Flickr-Konto.
- Dem **Rat** und dem **Europäischen Rat** können Sie auf Twitter, Facebook, Instagram, LinkedIn, YouTube und über andere Medien folgen.
- Das Land, das gerade den halbjährlichen **Ratsvorsitz** innehat, verfügt über ein spezielles Twitter-Konto: Estland (ab Juli 2017), Bulgarien (ab Januar 2018), Österreich (ab Juli 2018), Rumänien (ab Januar 2019) und Finnland (ab Juli 2019).
- Federica Mogherini (die den Vorsitz im Rat „Auswärtige Angelegenheiten" führt) ist auf Twitter aktiv.

Das **Ratssekretariat** nutzt nicht nur die sozialen Medien, sondern unterhält auch eine informative und allgemein zugängliche Website. Darauf veröffentlicht es die neuesten Nachrichten über den Rat und den Europäischen Rat sowie Hintergrundinformationen über politische Strategien und Arbeitsmethoden. Auf der Website kann man auch Pressemitteilungen finden und einen regelmäßigen Informationsdienst per E-Mail und SMS abonnieren. Auch das Foto- und Videoarchiv des Sekretariats findet sich dort.

Wer beispielsweise verfolgen möchte, wie die Beratungen über einen **Rechtsakt** vorankommen, kann dies auf der Website des Rates tun. Alle offiziellen Dokumente, die bei Verhandlungen benutzt werden, werden automatisch in ein öffentliches Register eingestellt, auf das jeder über diese Website zugreifen kann.

Die meisten Dokumente sind mit einem Klick abrufbar. Bei einigen Dokumenten sind nur der Titel und die Bezugsnummer genannt – diese Dokumente sind auf Anfrage erhältlich. Der Rat kann den Zugang zu einem Dokument nur unter ganz bestimmten Bedingungen verweigern; diese sind in einem EU-Rechtsakt des Rates und des Europäischen Parlaments festgelegt.

Wer den Fortgang der Verhandlungen über einen Rechtsakt verfolgen will, sollte auch die Websites der Kommission (die die Rechtsakte vorschlägt) und des Europäischen Parlaments (das über die meisten Rechtsakte gemeinsam mit dem Rat entscheidet) konsultieren, um sich ein vollständiges Bild machen zu können.

Wenn Sie die Arbeit des Rates verfolgen möchten, stehen Ihnen mehrere nützliche Instrumente zur Verfügung:

- Jeder Kommissionsvorschlag hat eine Bezugsnummer (die „interinstitutionelle Bezugsnummer"), die auch vom Rat und vom Europäischen Parlament verwendet wird. Mit dieser Nummer können Sie eine Liste aller offiziellen Dokumente abrufen, die im Rat für die Beratungen über diesen Vorschlag erstellt worden sind. Sie finden die Bezugsnummer, indem Sie zunächst im öffentlichen Dokumentenregister des Rates nach dem betreffenden Thema suchen.
- Das öffentliche Register enthält die Tagesordnungen sämtlicher Tagungen auf allen drei Ebenen des **Rates** (Minister, **AStV** und **Arbeitsgruppen**). Sie geben Aufschluss darüber, wann und auf welcher Ebene der Vorschlag erörtert wird.
- In den Tagesordnungen werden die Dokumente genannt, die zur Beratung anstehen. Viele dieser Dokumente können direkt heruntergeladen oder ansonsten angefordert werden.

Wenn die Minister im Rat den Entwurf eines Rechtsakts erörtern oder einen Beschluss darüber fassen, müssen sie öffentlich tagen. Dies bedeutet, dass ihre Tagungen über die Website des Rates teilweise live im Internet übertragen werden. Diese öffentlichen Tagungen werden im Voraus angekündigt; die Termine stehen auf der Website. Die Direktübertragen sind eine gute Gelegenheit, den Ministern der EU-Mitgliedstaaten bei der Arbeit zuzusehen.

Kurz: Wenn Sie an Schlagzeilen und Ankündigungen interessiert sind, folgen Sie am besten dem Europäischen Rat, dem Rat und ihren Vorsitzen über die sozialen Medien oder Feeds oder abonnieren Sie den SMS- und E-Mail-Dienst über die Website des Rates. Die Website ist überdies eine reichhaltige Quelle für Hintergrundinformationen.

Wenn Sie die laufenden Beratungen im Einzelnen verfolgen möchten, können Sie die Tagesordnungen und offiziellen Sitzungsdokumente im öffentlichen Register des Rates kostenlos abrufen. Auch wenn Sie sich über bereits abgeschlossene Beratungen informieren möchten, ist dieses Register sehr nützlich; zudem bietet die Website des Rates ein umfangreiches Archiv mit Pressemitteilungen, Fotos und Videos.